THE
BEAUTIFUL
GAME

UnRead

探索家

足球信息图

图 解 世 界 第 一 运 动

〔英〕约翰·安德鲁斯（John Andrews） 文

丹尼尔·尼亚里（Daniel Nyari） 图

吴劢 译

北京联合出版公司
Beijing United Publishing Co.,Ltd.

目 录
CONTENTS

世界上第一家足球俱乐部

你可以说足球起源于 19 世纪 40 年代的剑桥大学，这也没错，因为在那里，足球爱好者们推出了第一部足球规则——《剑桥规则》。不过，历史上第一家足球俱乐部其实出现在 1857 年的约克郡谢菲尔德市。自那以后，足球运动迅速传遍了不列颠的工业城市，进而火遍了全世界。

全世界最古老的足球俱乐部 *

这些球队不由学校、军队经营，且至今依然活跃。除女王公园足球俱乐部（苏格兰）与雷克斯汉姆足球俱乐部（威尔士）外，所有球队均位于英格兰。

- 1857 谢菲尔德足球俱乐部（Sheffield FC）
- 1860 哈勒姆足球俱乐部（Hallam FC）
- 1860 克雷流浪者足球俱乐部（Clay Wanderers FC）
- 1861 沃克索普镇足球俱乐部（Worksop Town FC）
- 1862 诺茨郡足球俱乐部 **（Notts County FC）
- 1863 斯托克城足球俱乐部（Stoke City FC）
- 1864 布里格镇足球俱乐部（Brigg Town FC）
- 1864 雷克斯汉姆足球俱乐部（Wrexham FC）
- 1865 诺丁汉森林足球俱乐部（Nottingham Forest FC）
- 1867 女王公园足球俱乐部（Queen's Park FC）
- 1867 谢菲尔德星期三足球俱乐部（Sheffield Wednesday FC）

* 有些足球俱乐部的建立时间尚无确证
** 全世界最古老的职业足球俱乐部

意大利最古老的足球俱乐部

1893 热那亚足球俱乐部（Genoa CFC）

原名为"热那亚板球竞技俱乐部"，由英格兰侨民所创。

德国最古老的足球俱乐部

1888 日耳曼 1888 柏林足球俱乐部（BFC Germania 1888）— 柏林

别被"慕尼黑 1860 体育俱乐部""乌尔姆 1846 体育俱乐部"这样的名字骗了，许多德国足球俱乐部创立之初其实都致力于体操或其他运动项目，后来才转而专注于足球。

法国最古老的足球俱乐部

1872 勒阿弗尔足球俱乐部（Le Havre AC）

荷兰最古老的足球俱乐部

1879 皇家哈勒姆足球俱乐部（Koninklijke HFC）— 哈勒姆

荷兰最古老的职业足球俱乐部为鹿特丹斯巴达足球俱乐部（Sparta Rotterdam），创立于 1888 年。

西班牙最古老的足球俱乐部

1889 维尔瓦足球俱乐部（Recreativo de Huelva）

塞维利亚足球俱乐部（Sevilla FC）创立于 1890 年，是西班牙最高级别联赛（西甲）中最古老的球队。

葡萄牙最古老的足球俱乐部

1887 科英布拉大学足球俱乐部
　　（Associação Académica de Coimbra）

瑞士最古老的足球俱乐部

1879 圣加伦足球俱乐部（FC St Gallen）

亚洲最古老的足球俱乐部

1886 香港足球会（Hong Kong FC）— 中国香港
1889 莫亨巴根足球俱乐部
　　（Mohun Bagan AC）— 印度加尔各答
1904 南华体育会（South China AA）— 中国香港
1917 东京蹴球团（Tokyo Soccer Club）— 日本

北美洲最古老的足球俱乐部

1898 比德灵足球俱乐部
　　（Beadling Soccer Club）— 美国匹兹堡
1901 帕丘卡足球俱乐部＊（CF Pachuca）— 墨西哥
1909 联合韦斯顿足球俱乐部
　　（United Weston FC）— 加拿大温尼伯

＊ 由来自英格兰康沃尔的矿工所创立。

南美洲最古老的足球俱乐部

1875 梅赛德斯足球俱乐部
　　（Club Mercedes）— 阿根廷
1891 阿尔比恩足球俱乐部
　　（Albion FC）— 乌拉圭蒙得维的亚
1892 圣地亚哥流浪者体育俱乐部
　　（Santiago Wanderers）— 智利
1895 弗拉门戈足球俱乐部
　　（Flamengo）— 巴西里约热内卢
1902 奥林匹亚足球俱乐部
　　（Club Olimpia）— 巴拉圭亚松森

秘鲁的利马足球俱乐部（Lima CFC）声称其创立于 1859 年，为全世界第二古老的足球俱乐部，不过这并无相关文件可以证明。

非洲最古老的足球俱乐部

1907 埃及阿尔阿赫利体育俱乐部
　　（Al Ahly SC）— 埃及开罗
1911 巴雷伦斯足球俱乐部
　　（FC Barreirense）— 佛得角
1911 扎马雷克足球俱乐部
　　（Zamalek SC）— 埃及吉萨
1911 橡树之心体育俱乐部
　　（Accra Hearts of Oak SC）— 加纳
1914 亚历山大港伊蒂哈德俱乐部
　　（Al-Ittihad）— 埃及亚历山大港
1919 突尼斯希望体育俱乐部
　　（Espérance Sportive de Tunis）— 突尼斯

大洋洲最古老的足球俱乐部

1883 巴尔戈尼流浪者足球俱乐部
　　（Balgownie Rangers FC）— 澳大利亚
1887 北岸联足球俱乐部
　　（North Shore United AFC）— 新西兰

早期的足球比赛规则

遥想那段推搡和手球都不算犯规的日子吧！ 1858 年，全世界创立最早的足球俱乐部——谢菲尔德足球俱乐部的成员写下了"足"球运动的一份简单规则。那时，这项运动刚刚从英国的公学走向英格兰北部的工业城镇。这份规则里有些条目今天来看依然似曾相识，有些则有了天壤之别。

规 则

为引导参赛球员所制定

1. 中圈开球必须是一个定位球。

2. 离球门 25 码外的地方不能将球踢出界。

3. 安全接球是指，从任何球员那里用手接到没触过地的球或者不是从界外直接掷入的界外球，安全接球后将获得一个任意球。

4. 冲撞发定位球的球员是合理的（中圈开球时除外），但在发球之前发球球员可以随时退回而不开出定位球，即冲撞必须是在发球球员实际触到球之后才是合理的。

5. 允许用手推人，但在任何情况下均不得故意踢人或绊人。

6. 不得抱人或者拉人。

7. 除了出界的情况外，任何情况下任何人不得用手将球带离地面。

8. 球员可用手部击球或推球，但任何情况下均不得持球不放（除安全接球后开任意球的情况外）。

9. 必须用脚将球踢进球门，进球才有效，但从场外直接踢进，以及用手接球后的任意球踢进的情况均不算进球。

10. 出界的球为死球，此时使球出界的一方须将球带至边线处向场内掷球，投掷距离至少距边线6码。

11. 每名球员须佩戴红色或深蓝色法兰绒帽，比赛中每队选择一种颜色。

欧洲的杯赛赛事

我们赢得了奖杯！虽然联赛夺冠的荣耀和喜悦令人心醉，但杯赛角逐中的不可预测性，也是让人兴奋无比的。在杯赛中，夺冠热门可能爆冷出局，而无人关注的冷门球队也可能捧得奖杯。今年夺得奖杯的会是你的球队吗？

英格兰

足总杯

创立：1871 年
全称"英格兰足球协会挑战杯"
参赛队：736 支
夺冠次数最多的球队：
阿森纳、曼联（12 次）

联赛杯

创立：1960 年
名称随赞助商更换而变动
参赛队：92 支
夺冠次数最多的球队：
利物浦（8 次）

法国

法国杯

创立：1917 年
又称"查尔斯·西芒杯"
参赛队：8506 支
夺冠次数最多的球队：
马赛（10 次）

法国联赛杯

创立：1994 年
参赛队：42 支
（来自 3 个级别联赛）
夺冠次数最多的球队：
巴黎圣日耳曼（5 次）

德国

德国杯

创立：1935 年
全称"德国足球协会杯"
参赛队：64 支
夺冠次数最多的球队：
拜仁慕尼黑（17 次）

欧洲冠军联赛

创立：1955 年
前身为"欧洲俱乐部冠军杯"
参赛队：32 支（小组赛）
冠军奖金：1500 万欧元
夺冠次数最多的球队：皇家马德里（11 次）
夺冠次数最多的国家和地区：
16 次 西班牙
12 次 意大利
12 次 英格兰
7 次 德国
6 次 荷兰
4 次 葡萄牙
1 次 法国、苏格兰、罗马尼亚、南斯拉夫

西班牙

国王杯

创立：1903 年

参赛队：83 支

夺冠次数最多的球队：

巴萨（27 次）

西班牙超级杯

创立：1982 年

参赛队：2 支（西甲冠军与国王杯冠军，若重合则为国王杯亚军）

夺冠次数最多的球队：

巴萨（11 次）

意大利

意大利杯

创立：1922 年

现已更名"提姆杯"

参赛队：78 支

夺冠次数最多的球队：

尤文图斯（10 次）

意大利超级杯

创立：1988 年

参赛队：2 支（意甲冠军与意大利杯冠军，若重合则为意大利杯亚军）

夺冠次数最多的球队：

尤文图斯（7 次）

欧足联欧洲联赛

创立：1971 年，简称"欧联杯"

参赛队：48 支（小组赛，后续还会有 8 支欧洲冠军联赛淘汰球队加入）

冠军奖金：650 万欧元

夺冠次数最多的球队：塞维利亚（5 次）

夺冠次数最多的国家和地区：

10 次 西班牙

9 次 意大利

7 次 英格兰

6 次 德国

4 次 荷兰

2 次 俄罗斯、葡萄牙

1 次 比利时、土耳其、乌克兰

荷兰

荷兰杯

创立：1898 年

全称"荷兰皇家足球协会杯"

参赛队：85 支

夺冠次数最多的球队：

阿贾克斯（18 次）

荷兰超级杯

创立：1949 年，又称"约翰尼斯·克鲁伊夫盾杯"

参赛队：2 支（荷甲冠军与荷兰杯冠军，若重合则为荷甲亚军）

夺冠次数最多的球队：

埃因霍温（10 次）

土耳其　**土耳其杯**（创立：1962 年）

　　　　　夺冠次数最多的球队：加拉塔萨雷（16 次）

乌克兰　**乌克兰杯**（创立：1992 年）

　　　　　夺冠次数最多的球队：基辅迪纳摩（11 次）

俄罗斯　**俄罗斯杯**（创立：1992 年）

　　　　　夺冠次数最多的球队：莫斯科中央陆军（7 次）

比利时　**比利时杯**（创立：1911 年）

　　　　　夺冠次数最多的球队：布鲁日（11 次）

瑞士　　**瑞士杯**（创立：1926 年）

　　　　　夺冠次数最多的球队：苏黎世草蜢（19 次）

苏格兰　**苏格兰杯**（创立：1873 年）

　　　　　夺冠次数最多的球队：凯尔特人（36 次）

葡萄牙　**葡萄牙杯**（创立：1938 年）

　　　　　夺冠次数最多的球队：本菲卡（25 次）

欧洲杯赛事全纪录

虽然欧洲杯比赛的创想在 1927 年就被提出，但直到 1960 年，第一届欧洲杯才真正举行起来。
第一届欧洲杯共有 17 支参赛队，4 支球队最终打入决赛圈。如今，欧洲杯也许已经是世界杯之
后最受人关注的比赛了，每届共有 24 支球队角逐这项荣誉。以下为欧洲杯历史上的所有参赛队，
有些国家（地区）的名字已经不复存在了。

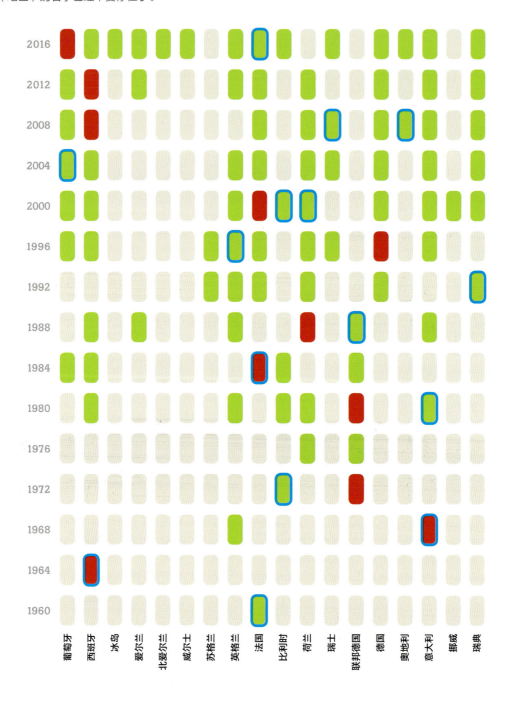

	晋级决赛圈
	冠军得主 *
	东道国

	2016
	2012
	2008
	2004
	2000
	1996
	1992
	1988
	1984
	1980
	1976
	1972
	1968
	1964
	1960

丹麦　波兰　拉脱维亚　捷克斯洛伐克　捷克　斯洛伐克　匈牙利　南斯拉夫　斯洛文尼亚　克罗地亚　阿尔巴尼亚　苏联　俄罗斯（1992年以独联体身份参赛）　乌克兰　罗马尼亚　保加利亚　希腊　土耳其

* 数据截至 2016 年

谁是带球最快的球员？

他们迅捷如风，他们精力充沛，他们是后防的噩梦，他们是球迷的宠儿。世界足坛上，到底谁带球的速度最快呢？根据 2015 年墨西哥名门帕丘卡和国际足联共同做出的一项研究，这 10 名球员堪称当今球场上的"飞毛腿"。

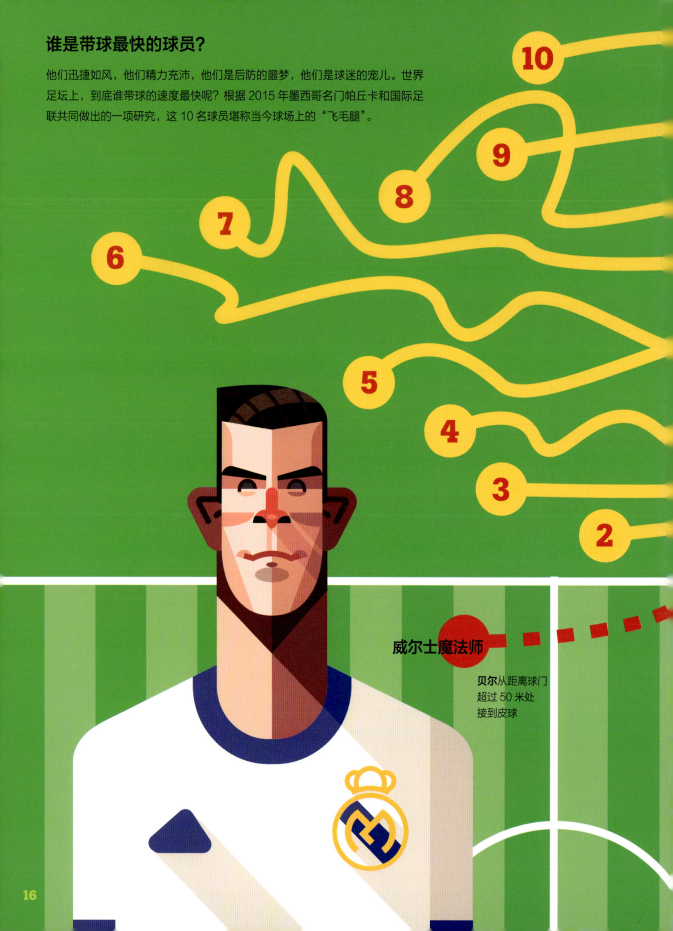

威尔士魔法师

贝尔从距离球门超过 50 米处接到皮球

塞尔吉奥·拉莫斯
皇家马德里
30.6km/h

弗兰克·里贝里
拜仁慕尼黑
30.7km/h

韦恩·鲁尼
曼联
31.2km/h

里奥内尔·梅西
巴萨
32.5km/h

克里斯蒂亚诺·罗纳尔多（C罗）
皇家马德里
33.6km/h

西奥·沃尔科特
阿森纳
32.7km/h

阿朗·列侬
埃弗顿
33.8km/h

安东尼奥·瓦伦西亚
曼联
35.1km/h

尤尔根·达姆
塔格雷斯
35.23km/h

巴尔特拉将贝尔
逼出左边线

贝尔由场外迁回
摆脱巴尔特拉

1 加雷斯·贝尔
皇家马德里
36.9km/h
2014年，离西班牙国王杯决赛结束仅剩5分钟时，贝尔精彩的
个人表演帮助皇马在巴伦西亚2-1战胜了巴萨。比赛中，威尔士
前锋贝尔从中线起跑，人球分过摆脱了巴萨后卫马克·巴尔特拉，
随后冷静射门，皮球越过门将何塞·曼努埃尔·平托，落入球门。

贝尔射门，皮球
越过门将平托
全程7.2秒

进球！

最厉害的门将

门将是个疯狂的角色，但顶级门将绝不比优秀的后卫、中场或前锋球员差，他们照样也是赢下比赛的关键。在赛场上，门将是最孤独、最暴露的位置，所以，就请你戴好手套，举起双手，向这些伟大的门将致敬吧。

迪诺·佐夫

1142——在 1972—1974 年为国家队出战的比赛中，迪诺·佐夫保持了 1142 分钟不失球的纪录，这同时也是一项世界纪录。

6——效力尤文图斯期间，迪诺·佐夫帮助球队 6 次夺得意甲冠军。

4——职业生涯中 4 次夺得世界杯冠军。

40——40 岁时，迪诺·佐夫依然作为队长带领意大利队参加了 1982 年世界杯，并成为史上年龄最大的世界杯冠军队队员。

"进了！"

1970 年墨西哥世界杯，巴西对阵英格兰的比赛上，贝利在一记头球攻门后如此喊道。可这次进攻却被班克斯化解，这也成为了足球史上最经典的一次扑救。

赛普·马耶尔

95——马耶尔为联邦德国队出场 95 次，为德国门将出场次数之首。

422——马耶尔曾为拜仁慕尼黑连续出战 422 场比赛，这也是一项德甲的纪录。

4——1974 年联邦德国在世界杯赛场上走向冠军的过程中只丢了 4 个球。

戈登·班克斯

442——1966 年世界杯比赛上，班克斯保持了 442 分钟不失球。

7——1966 年世界杯半决赛之前，班克斯共保持了 7 场比赛不失球。

1——一瓶可疑的啤酒使得班克斯在 1970 年世界杯四分之一决赛对阵联邦德国的比赛中未能出场。那场比赛英格兰 2-3 落败。

彼得·舒梅切尔

22——在曼联 1992—1993 夺冠赛季中,舒梅切尔保持了 22 场不失球的纪录。

42——在英超效力期间,舒梅切尔不失球的比赛数达到总比赛数的 42%。

129——舒梅切尔共为丹麦国家队出战了 129 场比赛,这也是丹麦国家队球员出场次数最多的纪录。

1——效力阿斯顿维拉期间,舒梅切尔在 2001 年对阵埃弗顿的比赛中进球,成为英超第一名取得进球的门将。

列夫·雅辛

150+——职业生涯中,雅辛共扑出过超过 150 粒点球。

270——职业生涯中共 270 场比赛不失球。

1963——1963 年,雅辛当选欧洲足球先生(荣获金球奖),是史上获此殊荣的唯一一位门将。

12——雅辛退役后,俄罗斯国家队用了 12 年才重新获得世界杯参赛资格。

326——1950—1970 年效力莫斯科迪纳摩期间,雅辛共出战 326 场比赛。

"黑蜘蛛"

这是人们送给雅辛的昵称。比赛中,雅辛总是一身黑色球衣,牢牢把守着球门,阻挡一切进攻。

令人大吃一惊的门将数据榜

31——在 2001 年的世界杯预选赛上,美属萨摩亚门将尼基·萨拉普一场比赛丢了 31 个球,澳大利亚 31-0 取胜。

0——2006 年世界杯期间,瑞士门将帕斯卡·祖贝布勒未丢一球,是唯一一名做到整届世界杯零封对手的门将。

6——6 名著名门将曾作为队长在世界杯赛场上为自己的祖国拼搏:吉安皮耶罗·冈比(意大利,1934)、迪诺·佐夫(意大利,1982)、伊戈尔·卡西利亚斯(西班牙,2010)、吉安路易吉·布冯(意大利,2014)、布拉沃(智利,2014)、巴利亚达雷斯(洪都拉斯,2014)。

181——门将穆罕默德·阿尔迪耶亚共为沙特阿拉伯出场过 181 场,创下了世界纪录。

16——2014 年世界杯,美国对阵比利时的比赛中,美国门将蒂姆·霍华德共做出 16 次成功扑救,为单场扑救次数最多的纪录。

921——在 1982 年世界杯预选赛上,新西兰门将理查德·威尔逊出场 921 分钟未丢一球。

曼努埃尔·诺伊尔

门神正在诞生 作为新一代"清道夫式门将"中的佼佼者,出生于 1986 年的诺伊尔已经夺得了金手套奖,还在 2014 年随德国队斩获世界杯冠军。2014 年,诺伊尔在金球奖的票选中获得第三名——鲜有门将能拥有这些荣誉。很多人都认为,诺伊尔将会成为继列夫·雅辛后的足坛第一门将。

最著名的光头球员

今日有发明日秃——有些球员喜欢利用发型彰显个性，而有些球员则别无选择，只能带着天生而来的秃顶在球场上驰骋。以下这些著名球星的头顶光滑、闪亮——他们完全可以凑够一支"光头梦之队"。

法比安·巴特斯
门将
法国

利利安·图拉姆
右后卫
法国

雅普·斯塔姆
中后卫
荷兰

皮埃路易吉·科利纳
主裁判

齐内丁·齐达内
中场
法国

阿蒂利奥·隆巴多
中场
意大利

詹卢卡·维亚利
前锋
意大利

替补名单：

布拉德·弗里德尔（美国）

韦恩·鲁尼（植发前，英格兰）

扬·科勒（捷克）

特穆尔·凯茨巴亚（格鲁吉亚）

埃斯特班·坎比亚索（阿根廷）

克拉伦斯·西多夫（荷兰）

法比奥·卡纳瓦罗（意大利）

蒂埃里·亨利（法国）

弗雷德里克·永贝里（瑞典）

卡斯滕·扬克尔（德国）

主教练

佩普·瓜迪奥拉（西班牙）

弗兰克·勒伯夫

中后卫

法国

罗伯托·卡洛斯

左后卫

巴西

博比·查尔顿

中场

英格兰

尤丹·莱切科夫

中场

保加利亚

阿尔杰·罗本

前锋

荷兰

进入世界杯四强次数最多的国家

20 世纪，"球王"贝利曾说："在 2000 年之前一定会有非洲国家赢得世界杯。"这个预言真是大错特错。世界杯的历史从来只由来自两个大洲的国家主宰——欧洲与南美洲，其他国家几乎都没有打进过前四强。而在这两个大洲的国家中，德国与巴西，分别位列其冠军榜的首位。

欧洲
南美洲
其他地区

欧洲
冠军比例：55%

德国
4 次（1954, 1974, 1990, 2014）

意大利
4 次（1934, 1938, 1982, 2006）

英格兰
1 次（1966）

法国
1 次（1998）

西班牙
1 次（2010）

南美洲
冠军比例：45%

巴西
5 次（1958, 1962, 1970, 1994, 2002）

乌拉圭
2 次（1930, 1950）

阿根廷
2 次（1978, 1986）

欧洲
亚军比例：75%

德国
4 次（1966, 1982, 1986, 2002）

荷兰
3 次（1974, 1978, 2010）

捷克斯洛伐克
2 次（1934, 1962）

匈牙利
2 次（1938, 1954）

意大利
2 次（1970, 1994）

瑞典
1 次（1958）

法国
1 次（2006）

南美洲
亚军比例：25%

巴西
2 次（1958, 1998）

阿根廷
3 次（1930, 1990, 2014）

80%
70%
60%
50%
40%
30%
20%
10%

1ST

2ND

80%

欧洲
季军比例：80%

70%

德国
4 次（1934, 1970, 2006, 2010）

欧洲
殿军比例：70%

瑞典
2 次（1950, 1994）

南斯拉夫
2 次（1930, 1962）

法国
2 次（1958, 1986）

奥地利
1 次（1934）

60%

波兰
2 次（1974, 1982）

瑞典
1 次（1938）

奥地利
1 次（1954）

西班牙
1 次（1950）

50%

葡萄牙
1 次（1966）

德国
1 次（1958）

意大利
1 次（1990）

苏联
1 次（1966）

40%

克罗地亚
1 次（1998）

意大利
1 次（1978）

土耳其
1 次（2002）

法国
1 次（1982）

30%

荷兰
1 次（2014）

比利时
1 次（1986）

英格兰
1 次（1990）

20%

南美洲
殿军比例：25%

保加利亚
1 次（1994）

乌拉圭
3 次（1954, 1970, 2010）

荷兰
1 次（1998）

10%

巴西
2 次（1974, 2014）

葡萄牙
1 次（2006）

南美洲
季军比例：15%

巴西
2 次（1938, 1978）

其他地区
季军比例：5%

智利
1 次（1962）

美国
1 次（1930）

其他国家
殿军比例：5%

韩国
1 次（2002）

3RD

4TH

比分最悬殊的比赛

他们为什么要让自己受这种罪呢——那些国家小到国民连一个球场都几乎坐不满，更别说组织一支球队来对抗来到他们面前的"进球风暴"了。这些拼死抵抗的球员所做的，无非就是给更强大的对手提供轻易拿分的机会。不过，想看有史以来最"愚蠢"的进球，你还要去看马达加斯加联赛中的一场"比赛"。

46-0

瓦努阿图 46-0 密克罗尼西亚

2015，太平洋运动会

- 16——共有 16 粒进球由让·卡尔塔克打进，创造了单名球员单场国际比赛的进球纪录。
- 38-0——就在被瓦努阿图大比分击败的两天前，密克罗尼西亚刚刚 0-38 败给斐济，而就在败给斐济的两天前，密克罗尼西亚又 0-30 败给了塔希提……这一周过的。

0-13

圣马力诺 0-13 德国

2006，欧洲杯预选赛

- 创造了欧洲杯最悬殊比分纪录。
- 12 场欧洲杯预选赛结束后，圣马力诺的进球数与失球数之差为 -55。
- 卢卡斯·波多尔斯基共打进 4 粒进球。
- 当时，圣马力诺的人口约为 31000，德国人口是它的 2500 倍还多，但却有近 5000 名圣马力诺球迷前来观战，这个比例已属非常之高。

世界杯最猛烈"屠戮"

瑞典 8-0 古巴（1938） >> 匈牙利 9-0 韩国（1954） >>

30-0

塔希提 30-0 库克群岛

1971，南太平洋运动会

● 这场失利过后，库克群岛的状态有所提升，仅以 1-16 败给了巴布亚新几内亚。

● 库克群岛的人口约为 15000（截至 2011 年）。

149-0

AS 阿德玛 149-0 奥林匹克埃米内

2002，马达加斯加联赛

● 所有的进球均来自乌龙球。

● 狂射乌龙是因为奥林匹克埃米内队的球员在比赛中抗议裁判的判罚。该场比赛为国内联赛附加赛的最终决胜场次，他们认为裁判有失公允。

● 这场比赛创造了职业足球比赛最悬殊比分的纪录。

31-0

澳大利亚 31-0 美属萨摩亚

2001，世界杯大洋洲预选赛

● 13——阿奇·汤普森在比赛中共打进 13 粒进球。

● 15——美属萨摩亚队共有两名球员年仅 15 岁。

● 1——美属萨摩亚队仅有 1 次射门在球门范围内。

南斯拉夫 9-0 刚果（金）（1974）　>>　德国 8-0 沙特阿拉伯（2002）

最年轻的金童

大多数球员要到 20 多岁才能到巅峰状态，但也有些少年得志的金童，在同伴还在上学时就已经登上了世界级的舞台。极少数的天才，比如埃德森·阿兰蒂斯·多·纳西门托（即"球王"贝利），在 17 岁时就已经成就了伟大，在这个年龄时无人能出其右。

少年得志

23 岁——1990 年，23 岁的**博多·伊尔格纳**成为最年轻的世界杯冠军队门将。他同时也是世界杯史上第一位在决赛中不失球的门将，帮助德国 1-0 战胜了阿根廷。

14 岁 5 个月零 3 天——2015 年 5 月 25 日，14 岁 5 个月零 3 天的**克莱斯尼克·克拉斯尼奇**在挪威甲级联赛球队汉福斯上演了处子秀。

15 岁零 300 天——2014 年 10 月，15 岁零 300 天的**马丁·奥德加德**在欧洲杯比赛中替补出场，帮助挪威 2-1 战胜保加利亚，成为欧洲杯历史上最年轻的参赛球员。

12 岁零 362 天——2009 年 7 月 19 日，12 岁零 362 天的**毛里西奥·巴尔迪维索**在玻利维亚联赛中为科恰班巴曙光队替补出场，成为职业足球比赛中最年轻的球员。

25.7 岁——1978 年夺得世界杯冠军时阿根廷队的平均年龄，创造了夺冠球队最低平均年龄的纪录。

拼搏向上……

贝利

17 岁零 239 天

贝利在 1958 年世界杯 1/4 决赛上攻破对手球门的时候还不到 18 岁，创造了最年轻世界杯射手的纪录。

20 名最年轻的世界杯参赛球员

姓名	国籍	参赛日期	位置	年龄 （岁—月—日）
1 诺曼·怀特塞德	北爱尔兰	17/06/1982	中场 / 前锋	17-01-10
2 萨穆埃尔·埃托奥	喀麦隆	17/06/1998	前锋	17-03-07
3 费米·奥帕本米	尼日利亚	12/06/2002	中场	17-03-09
4 萨洛蒙·奥莱姆贝	喀麦隆	11/06/1998	中场	17-06-03
5 贝利	巴西	15/06/1958	中场 / 前锋	17-07-23
6 巴尔托洛梅乌·奥格贝切	尼日利亚	02/06/2002	前锋	17-08-01
7 里格贝特·宋	喀麦隆	19/06/1994	后卫	17-11-18
8 卡瓦略·莱特	巴西	20/07/1930	前锋	18-00-25
9 曼纽尔·罗沙斯	墨西哥	13/07/1930	中场	18-02-26
10 克里斯蒂安·埃里克森	丹麦	14/06/2010	中场	18-04-00
11 贝图斯·范德哈德	荷兰	05/06/1938	前锋	18-04-22
12 文森特·阿布巴卡尔	喀麦隆	19/06/2010	前锋	18-04-28
13 阿西米乌·图雷	多哥	13/06/2006	后卫	18-05-12
14 迈克尔·欧文	英格兰	15/06/1998	前锋	18-06-01
15 克里斯托夫·伍德	新西兰	15/06/2010	前锋	18-06-08
16 吉乌塞普·贝尔戈米	意大利	05/07/1982	后卫	18-06-13
17 尼古拉·科瓦茨	罗马尼亚	14/07/1930	前锋	18-06-15
18 安泽伊·伊万	波兰	06/06/1978	前锋	18-06-27
19 卡洛斯·伊巴涅斯	智利	02/07/1950	前锋	18-07-02
20 德米特里·塞切夫	俄罗斯	05/06/2002	前锋	18-07-10

数据解说

妖人孵化器——在 20 名最年轻的世界杯参赛球员中，有 4 名球员来自喀麦隆（整整占 20%）。

年轻进攻手——这 20 名球员中，有 13 名司职前锋或进攻型中场（比例为 65%）。

0——20 名最年轻的世界杯参赛球员中，没有门将。

最"高龄"的球员

继续引用莎士比亚的台词说下去，应该说："习俗也不能减损他们无限的千姿百态。"[1] 这句台词尤其适合那些三四十岁的"高龄"球员。他们依然活跃在世界杯或其他大赛的绿茵场上，失去了年轻小将的活力，却多了这个年龄才有的足智多谋。当然，大多数这个年龄的球员都是门将，但也有几名进攻球员还能取得进球，而和他们同龄的球员，有很多都已经成了电视评论员或者酒吧老板。

20 名年龄最大的世界杯参赛球员

姓名	国籍	参赛日期	位置	年龄（岁—月—日）
1 法里德·蒙德拉贡	哥伦比亚	24/06/2014	门将	43-00-03
2 罗杰·米拉	喀麦隆	28/06/1994	前锋	42-01-08
3 帕特·詹宁斯	北爱尔兰	12/06/1986	门将	41-00-00
4 彼得·希尔顿	英格兰	07/07/1990	门将	40-09-19
5 迪诺·佐夫	意大利	11/07/1982	门将	40-04-13
6 阿里·布姆尼耶尔	突尼斯	23/06/2006	门将	40-02-10
7 吉姆·莱顿	苏格兰	23/06/1998	门将	39-10-30
8 大卫·詹姆斯	英格兰	27/06/2010	门将	39-10-26
9 安赫尔·拉普纳	阿根廷	15/06/1958	前锋	39-08-18
10 约瑟夫·安托瓦内·贝尔	喀麦隆	24/06/1994	门将	39-08-16
11 斯坦利·马休斯	英格兰	26/06/1954	前锋	39-04-25
12 扬·海因特泽	丹麦	06/06/2002	后卫	38-09-20
13 大卫·希曼	英格兰	21/06/2002	门将	38-09-02
14 维托·达马斯	葡萄牙	11/06/1986	门将	38-08-03
15 马里奥·耶佩斯	哥伦比亚	04/07/2014	后卫	38-05-21
16 费尔南多·克拉维约	美国	04/07/1994	后卫	38-05-11
17 保罗·本托	葡萄牙	03/06/1986	中场	37-11-09
18 拉塞尔·拉塔皮	特立尼达和多巴哥	20/06/2006	中场	37-10-18
19 马克·施瓦泽	澳大利亚	23/06/2010	门将	37-08-17
20 冈纳·格伦	瑞典	29/06/1958	前锋	37-07-29

数据解说

前 10 名年龄最大的世界杯参赛球员中就有 8 名是门将。

这 20 名球员中有 4 名前锋。

前 10 名中没有中场球员，前 20 名中也只有 2 名。

1 原句为"岁月不会使她枯萎，习俗也不能减损她无限的千姿百态"。
  出自莎士比亚悲剧《安东尼与克利奥佩特拉》。

宝刀不老

71 岁——2008 年，71 岁的前墨西哥球员**萨尔瓦多·雷耶斯**在墨西哥球队 CD 瓜达拉哈拉队的比赛中上场，在中圈开球后即被换下——那时距离他上一次上场比赛已经过去了 41 年。

年龄最大的职业球员——日本球员**三浦知良**（1967—）现在效力于日本 J2 联赛球队横滨 FC 队，司职前锋。1994—1995 赛季，三浦知良转战热那亚，是第一个在意甲联赛中露面的日本球员。

55 岁——2014 年 10 月，在英乙球队斯蒂文尼奇队对阵卡利斯尔联队的比赛上，门将**戴夫·比桑特**作为替补球员进入了大名单。1988 年，在温布利大球场，戴夫·比桑特在足总杯决赛上扑出点球，帮助温布尔登 1-0 战胜利物浦，他也成了第一名在足总杯决赛上扑出点球的门将。

46 岁 7 个月零 4 天——2004 年 3 月 31 日，世界杯预选赛年龄最大的参赛队员**老麦克唐纳·泰勒**在美属维京群岛对阵圣基茨和尼维斯的比赛中出场，球队仅以 0-7 的比分落败。

迟来的世界杯首秀——2010 年 6 月 18 日，39 岁 10 个月零 17 天的**大卫·詹姆斯**在英格兰对阵阿尔及利亚的比赛中完成了世界杯首秀。他是所有第一次参加世界杯的球员中年龄最大的。

衰老而下……

迪诺·佐夫

**年龄最大的世界杯
决赛参赛球员**

1982 年 6 月 11 日，40 岁 4 个月零 13 天的迪诺·佐夫参加了意大利对阵联邦德国的世界杯决赛。

最著名的犯规

有一些不那么守规矩的国家和球员总在挑战着比赛规则，甚至有时还会超越规则的极限，给足球世界平添几分波澜。不管你爱他们还是恨他们，保持冷静，别跟他们发火。

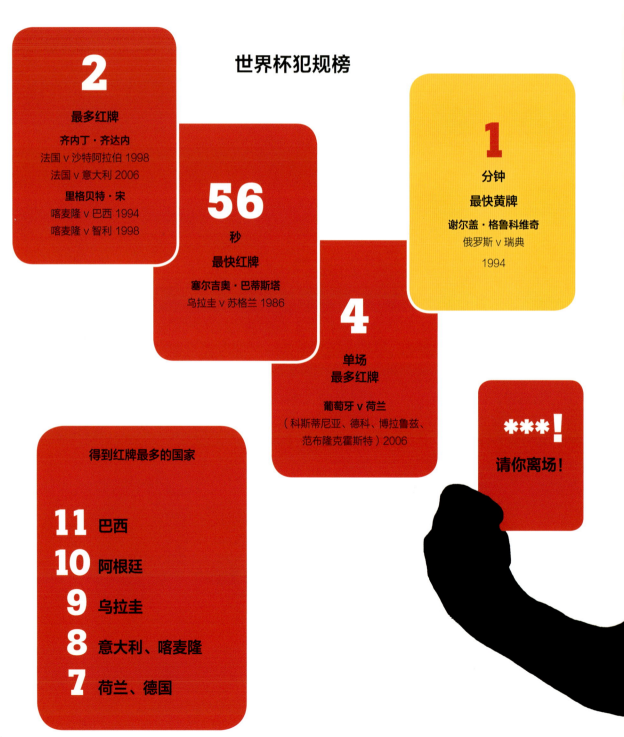

世界杯犯规榜

2

最多红牌

齐内丁·齐达内

法国 v 沙特阿拉伯 1998

法国 v 意大利 2006

里格贝特·宋

喀麦隆 v 巴西 1994

喀麦隆 v 智利 1998

56

秒

最快红牌

塞尔吉奥·巴蒂斯塔

乌拉圭 v 苏格兰 1986

1

分钟

最快黄牌

谢尔盖·格鲁科维奇

俄罗斯 v 瑞典

1994

4

单场

最多红牌

葡萄牙 v 荷兰

（科斯蒂尼亚、德科、博拉鲁兹、范布隆克霍斯特）2006

***！

请你离场！

得到红牌最多的国家

11 巴西

10 阿根廷

9 乌拉圭

8 意大利、喀麦隆

7 荷兰、德国

三黄变一红

在 2006 年德国世界杯上，裁判格拉汉姆·波尔创造了历史。比赛中，他向克罗地亚球员约西普·西穆尼奇出示了三张黄牌才将其罚下场。比赛进行到 90 分钟时，波尔第二次向西穆尼奇出示黄牌，却忘记将其红牌罚下。终场哨声响起后，西穆尼奇与波尔发生冲突，当值主裁判波尔第三次向他出示黄牌——此时才终于将西穆尼奇罚出场。

7 名最"凶恶"的犯规之王

路易斯·苏亚雷斯（乌拉圭）咬人强迫症
- 第一咬——2010 年，埃因霍温球员巴卡尔
- 第二咬——2013 年，切尔西球员伊万诺维奇
- 第三咬——2014 年，意大利球员基耶利尼

内马尔（巴西）金童不乖
在桑托斯效力期间（2009—2013）共得到过 57 张牌——53 张黄牌，4 张红牌（3 次直接红牌）

保罗·斯科尔斯（英格兰）英格兰恶霸
在欧冠赛场上得到过 32 张黄牌，创造了欧冠历史纪录。同时也是唯一一名在旧温布利球场（1923—2003）被罚下场过的英格兰球员（1999 年 6 月 5 日）。

塞尔吉奥·拉莫斯（西班牙）红牌榜首
截至 2014 年 3 月共得到过 19 张红牌，创造了西甲纪录（还有各类犯规共计 180 张黄牌）。

埃尔·哈吉·迪乌夫（塞内加尔）"随地"吐痰
曾三次因吐口水被处罚或罚款，包括一次对一名 11 岁的米德尔斯堡小球迷吐口水。

吉布里尔·西塞（法国）要么进球，要么离场
2011—2012 赛季为英超球队女王公园巡游者效力时，在 8 场比赛中共打进 6 粒进球，得到 2 张红牌——每场比赛，要么进球了，要么被罚下场了。

凯文·马斯凯特（澳大利亚）致命拦截
在英格兰和澳大利亚球队效力的近 20 年职业生涯中，共得到过 123 张黄牌，12 张红牌。
在 1998 年的一场比赛中，阻挡查尔顿中场球员马蒂·福尔摩斯时严重犯规，被判罚款 25 万英镑。

最美的球场

以下几座美轮美奂的体育场馆的一砖一瓦都承载着各自国家的希冀和俱乐部的渴望。它们分布在四个大洲，建成或改造的初衷，正是向人们展示这项美丽的运动，与人们一同欢庆这项运动激动人心的每个时刻。若论背后的足球历史和热烈的比赛气氛，世界上再没有其他地方能与这几座球场同日而语。

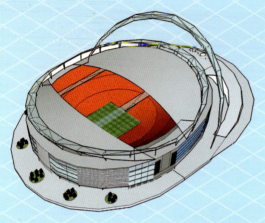

← 新温布利大球场

英格兰，伦敦

容量：**90000 人**　首次启用：**2007 年**

2003 年，旧温布利球场连同其标志性的双塔一同被拆除，新温布利大球场在其原址上修建而成。新温布利大球场有一座高 133 米，跨度达 315 米的大型拱门，这座拱门也让它成了世界上最长的单跨屋顶结构建筑。大球场的座位若从场边向四周一排一排整齐"展开"，将会长达 54 千米。

马拉卡纳球场 →

巴西，里约热内卢

容量：**78639 人**　首次启用：**1950 年**

马里奥·费劳运动场更加广为人知的名称为"马拉卡纳球场"，这个名称源于里约热内卢市周边的一片同名地区。马拉卡纳球场最初为 1950 年巴西世界杯而建，共有 174000 人观看了当年的世界杯决赛（有可能更多）。两家巴西足球俱乐部——弗拉门戈和弗鲁米嫩塞——都把马拉卡纳球场当作主场。

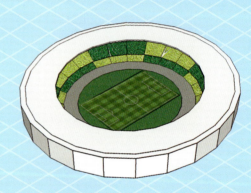

← 纪念碑球场

阿根廷，贝尔格拉诺

容量：**61688 人**　首次启用：**1938 年**

纪念碑球场以时任河床足球俱乐部主席的安东尼奥·利贝尔蒂的名字命名，全名为"安东尼奥·贝斯普西奥·利贝尔蒂纪念碑球场"。安东尼奥·利贝尔蒂主持了球场的修建，如今它已经成了阿根廷国家队的主场。1978 年，世界杯决赛也在这里举办，阿根廷 3-1 战胜荷兰拿到了冠军。

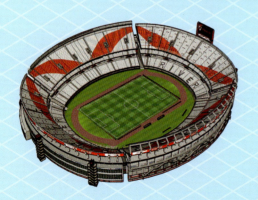

阿兹台克球场 →

墨西哥，墨西哥城

容量：**95000 人**　首次启用：**1966 年**

和马拉卡纳球场一样，阿兹台克球场也承办过两届世界杯决赛——1970 年世界杯和 1986 年世界杯。这里也是墨西哥最成功的足球俱乐部——墨西哥美洲的主场，他们的对手必须克服 2240 米的海拔前来应战。

柏林奥林匹克体育场 ➜

德国，柏林

容量：**74475 人** 首次启用：**1937 年**

柏林奥林匹克体育场为 1936 年柏林奥运会而建。"二战"后，体育场日渐破败，但在 2006 年德国世界杯前得到修整，并承办了当年意大利对阵法国的世界杯决赛。德甲球队柏林赫塔将此体育场当作主场。

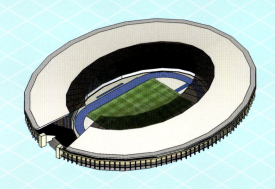

← 足球城体育场

南非，约翰内斯堡

容量：**94736 人** 首次启用：**1989 年**

足球城体育场的名称之意为"足球之城"，为非洲最大的足球场。2010 年南非世界杯前，足球城体育场进行了重新设计，使用泥土色与火焰色的马赛克进行镶嵌装饰，设计灵感来源于非洲人民使用的炊具。足球城体育场也是南非足球俱乐部凯撒酋长队的主场。

阿萨迪体育场 ➜

伊朗，德黑兰

容量：**84412 人** 首次启用：**1973 年**

阿萨迪体育场为伊朗国家体育场，最初为 1974 年亚运会而建，建筑外部的曲线十分优美。这里同时也是伊朗劲旅——柏斯波利斯和艾斯迪格尔的主场，每年两队之间的比赛都在这里上演，堪称全世界最精彩、刺激的德比战之一。

← 卢日尼基体育场

俄罗斯，莫斯科

容量：**78360 人** 首次启用：**1956 年**

卢日尼基体育场外观宏大，将承办 2018 年俄罗斯世界杯的决赛，届时体育场的容量将扩充至 81000 人。卢日尼基体育场是俄罗斯最大的足球场，同时也是 1980 年莫斯科奥运会的主场馆之一。

罗马奥林匹克球场 ➜

意大利，罗马

容量：**70634 人** 首次启用：**1953 年**

来到罗马奥林匹克球场感受另一场激烈的德比战吧，这场德比将在两支罗马本地球队——拉齐奥和罗马之间展开。这里同时也是 1960 年罗马奥运会和 1990 年意大利世界杯决赛的承办球场，见证了德国战胜阿根廷捧得大力神杯的场景。如今，这座球场也是意大利国内橄榄球赛事的赛场。

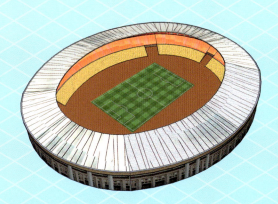

非洲杯盘点

也许非洲国家还没有赢得过世界杯冠军，但英超、西甲等顶级足球联赛中都少不了非洲球员的身影。这些在各国效力的非洲球员，大部分会每两年聚齐一次，回国参加非洲杯的角逐。自 1957 年以来，非洲杯已经举办过 30 届，共有 14 个国家取得过冠军。(★ = 决赛)

1957 苏丹
★ 埃及 4-0 埃塞俄比亚
- 只有 3 个国家参加比赛
- 由于南非中途退赛，埃塞俄比亚直接晋级决赛——这也是他们参加的唯一一场比赛。
- 决赛中，埃及球员艾德·迪巴打进了全部 4 粒进球。

1959 阿拉伯联合共和国
★ 阿联 2-1 苏丹
- 阿拉伯联合共和国为埃及与叙利亚组成的联盟。
- 共有 3 个国家参赛，采取循环赛制。

1962 埃塞俄比亚
★ 埃塞俄比亚 4-2 阿联
- 埃塞俄比亚作为东道国自动晋级淘汰赛，只打败了突尼斯就又晋级了决赛。

1963 加纳
★ 加纳 3-0 苏丹
- 6 个国家参加比赛，分为两组。

1965 突尼斯
★ 加纳 3-2 突尼斯
- 1957 年之后，东道国第一次没有获得冠军。

1968 埃塞俄比亚
★ 刚果（金）1-0 加纳
- 在前几轮比赛中，冠军得主 1-2 输给了加纳。

1970 苏丹
★ 苏丹 1-0 加纳
- 加纳连续 4 届进入决赛。

1972 喀麦隆
★ 刚果（布）3-2 马里
- 刚果（布）第一次，也是唯一一次获得冠军。

1974 埃及
★ 扎伊尔 2-2 赞比亚
（重赛：扎伊尔 2-0 赞比亚）
- 重赛仅在正赛两天后。
- 1971—1997 年间，刚果（金）的国名为"扎伊尔"。

1976 埃塞俄比亚
冠军：摩洛哥
亚军：几内亚
- 本届冠军是靠两个分组中 4 支进入四强的队伍进行 3 场循环赛角逐而出的。

1978 加纳
★ 加纳 2-0 乌干达
- 预选赛阶段，科特迪瓦与马里被除名，原因不详。

1980 尼日利亚
★ 尼日利亚 3-0 阿尔及利亚
- 尼日利亚的首次冠军。

1982 利比亚
★ 加纳 1-1 利比亚
（点球决胜 7-6）
- 决赛中第一次引入点球决胜制。

1984 科特迪瓦
★ 喀麦隆 3-1 尼日利亚
- 喀麦隆首次夺冠，在半决赛点球决胜中 5-4 战胜了阿尔及利亚。

1986 埃及
★ 埃及 0-0 喀麦隆
（点球决胜 5-4）
- 最佳射手为喀麦隆的罗杰·米拉，打进了 4 粒进球。

1988 摩洛哥
★ 喀麦隆 1-0 尼日利亚
- 埃曼纽尔·昆德的点球决定了比赛结果。

1990 阿尔及利亚
★ 阿尔及利亚 1-0 尼日利亚
- 1980 年决赛的重现，但这次阿尔及利亚取得了冠军。

1992 塞内加尔
★ 科特迪瓦 0-0 加纳
（点球决胜 11-10）
- 第一次有国际赛事的点球决胜使用了正赛阶段上场的全部球员。

1994 突尼斯
★ 尼日利亚 2-1 赞比亚

·1993 年的预选赛上，赞比亚队在前往塞内加尔参加比赛时遇到空难，18 名球员遇难。

1996 南非
★ 南非 2-0 突尼斯

·这是南非第一次参赛。从首届非洲杯开始，南非一直被禁止参赛。

1998 布基纳法索
★ 埃及 2-0 南非

·埃及的第四次冠军。

2000 加纳 / 尼日利亚
★ 喀麦隆 2-2 尼日利亚

（点球决胜 4-3）

·最佳射手为南非的肖恩·巴特莱特，共打进 5 粒进球。

2002 马里
★ 喀麦隆 0-0 塞内加尔

（点球决胜 3-2）

·最佳球员为喀麦隆的里格贝特·宋。

2004 突尼斯
★ 突尼斯 2-1 摩洛哥

·突尼斯首次夺冠。

2006 埃及
★ 埃及 0-0 科特迪瓦

（点球决胜 4-2）

·最佳射手为喀麦隆的萨穆埃尔·埃托奥，共打进 5 粒进球。

2008 加纳
★ 埃及 1-0 喀麦隆

·喀麦隆球员萨穆埃尔·埃托奥再次当选最佳射手，共打进 5 粒进球。

2010 安哥拉
★ 埃及 1-0 加纳

·埃及赢下了每场比赛，第七次问鼎冠军。

2012 加蓬 / 赤道几内亚
★ 赞比亚 0-0 科特迪瓦

（点球决胜 8-7）

·赞比亚令人惊讶地首次夺冠。

2013 南非
★ 尼日利亚 1-0 布基纳法索

·为避免与世界杯冲突，非洲杯比赛年被调整为奇数年。

2015 赤道几内亚
★ 科特迪瓦 0-0 加纳

（点球决胜 9-8）

·令人吃惊的是，卫冕冠军尼日利亚未能通过预选赛。

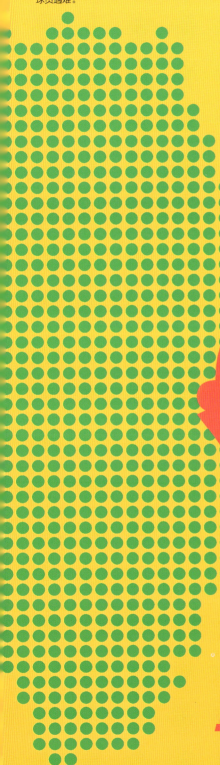

冠军榜

7 次 埃及

4 次 喀麦隆、加纳

3 次 尼日利亚

2 次 刚果（金）、科特迪瓦

1 次 阿尔及利亚、刚果（布）、埃塞俄比亚、摩洛哥、南非、苏丹、突尼斯、赞比亚

★ 至今为止的 30 届非洲杯中，共 11 届由东道国获得冠军。

★ 过去的 18 届决赛中，有 8 届由点球决胜决出胜负。

★ 过去的 18 届决赛中，参赛队共计只打进 25 粒进球，平均每场 1.39 粒进球。

最伟大的头球破门

有的球员很少使用头球，但有些球员——尤其是高个儿球员——把头球攻门练成了他们的绝活儿。头球所需要的技巧完全可以媲美精准的传球、射门，漂亮的头球破门和完美的任意球一样精彩。承认这些球员的能力吧，他们在世界杯的舞台上展现了头球的艺术。

乌维·席勒
联邦德国 3-2 英格兰
墨西哥，1970

比赛离结束还有 8 分钟时，联邦德国 2-2 与英格兰战平。英格兰的解围球找到了席勒，背对球门的席勒灵活地扭头跃起，将皮球顶进了由门将彼得·博内蒂把守的球门。

齐内丁·齐达内
法国 3-0 巴西
法国，1998

如果东道国在世界杯决赛碰上夺冠热门，就一定会有人在这种比赛上成就伟大，比如齐内丁·齐达内。他在比赛上半场两度头球破门，最终终结了对手。

贝利
巴西 4-1 意大利
墨西哥，1970

接到队友里维利诺的左路传球，小个子的贝利像踩着弹簧一样跳了起来，成功争顶并头球破门，打进了巴西队的第一粒决赛进球——这粒进球也正是巴西队的第 100 粒世界杯进球。

马丁·达赫林
瑞典 3-1 俄罗斯
美国，1994

在 1994 年的世界杯征程中，瑞典闯入半决赛，0-1 不敌巴西，锁定第三名。小组赛中，瑞典击败俄罗斯，马丁·达赫林冲入禁区抢点，正面跳起顶球，打进了一粒精彩的飞跃头球。

罗宾·范佩西

荷兰，费耶诺德、阿森纳、曼联、费内巴切

在 2014 年的巴西世界杯荷兰对阵西班牙的比赛上，范佩西在大禁区边缘的一记"飞行式"鱼跃头球破门堪称世界杯的经典一幕。

约丹·莱切科夫

**保加利亚 2-1 德国
美国，1994**

在范佩西的进球出现之前，世界杯史上最伟大的头球破门当属莱切科夫在 1994 年世界杯 1/4 决赛中上演的鱼跃冲顶。那一场比赛，保加利亚的第一粒进球是"霹雳火"赫里斯托·斯托伊奇科夫的任意球直接破门。

卡莱斯·普约尔

**西班牙 1-0 德国
南非，2010**

只有一次经典的攻门才能打破德国队稳健的防守，并帮西班牙首次杀入世界杯决赛。看看普约尔吧，他接到队友开出的角球，在德国队的禁区内"狮子甩头"，攻破了对手的大门。

保罗·罗西

**意大利 3-2 巴西
西班牙，1982**

这是世界杯史上最值得纪念的比赛之一，保罗·罗西完成了帽子戏法。比赛开始仅 5 分钟时，罗西前插并接到队友安东尼奥·卡布里尼的妙传，随即一记头球攻门为意大利首开纪录。在随后的决赛中，罗西也为意大利打进了第一粒进球。

加雷德·博尔格蒂

**墨西哥 1-1 意大利
韩日，2002**

博尔格蒂共为墨西哥打进的 46 粒进球中，这粒进球堪称最佳。尽管受到对手的贴身盯防且背对球门，博尔格蒂依然做到了跳起、转身，无视物理定律，用后脑勺完成了一次"回头望月"，攻破了门将吉安路易吉·布冯把守的球门。

最高的和最矮的球员

足球运动员的身材也各不相同。如果你是门将，又瘦又高就对你很有利，而身材矮小、重心低则能帮你更轻易甩掉防守球员——马拉多纳就是个活生生的例子，1.65 米的身高对他没有坏处。从最高的到最矮的，以下几名球员是如今足坛上的"纪录保持者"。

里奥内尔·梅西
1.69 米
阿根廷，前锋
巴萨

桑迪·卡索拉
1.68 米
西班牙，中场
阿森纳

马德森
1.60 米
巴西，中场
科赫

埃尔顿
1.59 米
巴西，中场
法特赫

丹尼尔·比利亚尔瓦
1.55 米
阿根廷，前锋
韦拉克鲁斯

马尔钦·加鲁赫
1.54 米
波兰，中场
莱格尼察

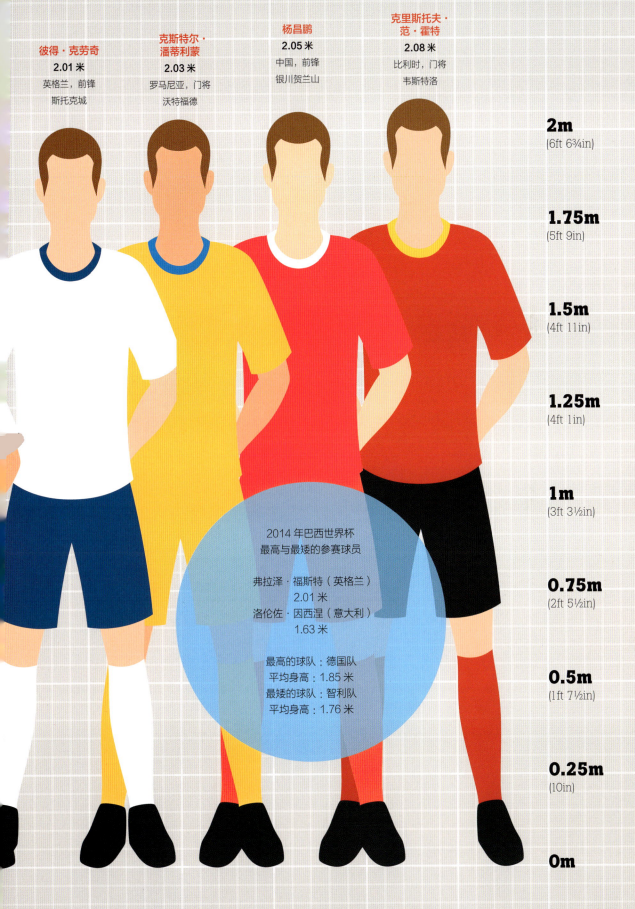

彼得·克劳奇
2.01 米
英格兰，前锋
斯托克城

克斯特尔·
潘蒂利蒙
2.03 米
罗马尼亚，门将
沃特福德

杨昌鹏
2.05 米
中国，前锋
银川贺兰山

克里斯托夫·
范·霍特
2.08 米
比利时，门将
韦斯特洛

2m
(6ft 6¾in)

1.75m
(5ft 9in)

1.5m
(4ft 11in)

1.25m
(4ft 1in)

2014 年巴西世界杯
最高与最矮的参赛球员

弗拉泽·福斯特（英格兰）
2.01 米
洛伦佐·因西涅（意大利）
1.63 米

最高的球队：德国队
平均身高：1.85 米
最矮的球队：智利队
平均身高：1.76 米

1m
(3ft 3½in)

0.75m
(2ft 5½in)

0.5m
(1ft 7½in)

0.25m
(10in)

0m

最残忍的对决——点球大战

"那是我职业生涯中最难过的一刻。"前意大利神锋巴乔在谈到1994年射失点球的世界杯决赛时如是说。点球决胜自1978年世界杯开始实行，是决定比赛胜负的一种残忍的办法，但这种办法也能带来最大的戏剧性，会让一边陷入痛苦，另一边欢呼雀跃。

1982年7月8日

第一次点球决胜，联邦德国5-4战胜法国

82%

截至2014年，在过去的11场点球决胜中，82%的场次由首罚点球的球队获胜。

1978

点球决胜制自1978年开始实行，不过在1978年阿根廷世界杯中并没有出现。

罗伯托·巴乔 意大利

世界杯比赛点球决胜总数据

240 粒点球（170粒射中，70粒被扑出或射失）

53 粒由左脚球员射出　**187** 粒由右脚球员射出

2

冠军由点球决胜决出的世界杯共有两届，分别为1994年和2006年。

13场胜5场

欧洲国家队共有13场点球决胜对阵其他大洲的国家队，胜出5场

26 场世界杯点球决胜获胜场次

	'78	'82	'86	'90	'94	'98	'02	'06	'10	'14
德国		⚽	⚽	⚽				⚽		
阿根廷				⚽⚽*		⚽				⚽
法国			⚽			⚽				
巴西					⚽	⚽				⚽
比利时			⚽							
爱尔兰				⚽						
保加利亚					⚽					
瑞典					⚽					
韩国							⚽			
西班牙							⚽			
意大利								⚽		
葡萄牙								⚽		
乌克兰								⚽		
巴拉圭									⚽	
乌拉圭									⚽	
哥斯达黎加										⚽
荷兰										⚽

* 同一年有两次点球决胜

4

在点球决胜中获胜次数最多的国家：德国与阿根廷。

在点球决胜中失利过两次或以上的国家队

	'78	'82	'86	'90	'94	'98	'02	'06	'10	'14
意大利				⚽	⚽	⚽				
英格兰				⚽		⚽		⚽		
法国		⚽						⚽		
墨西哥			⚽		⚽					
西班牙			⚽				⚽			
罗马尼亚				⚽	⚽					
荷兰							⚽			⚽

瑞士

唯一一支在一次点球决胜中射失所有点球的国家队（2006 年，0-3 败给乌克兰）

最富有的俱乐部

没错，足球的确是一项体育运动，但它的背后也有巨额的商业运作。在全世界范围内，再没有哪家足球俱乐部能比下面的这 20 家更加富有了。球票销售固然重要，但让这些足球巨头脱颖而出的，是电视转播、广告代言和自身品牌带来的收益。

- 比赛日收入
- 电视转播收入
- 广告代言收入
- 品牌收入

1. 皇家马德里
球队市值 3263
品牌收入 746

2. 巴塞罗那
球队市值 3163
品牌收入 657

3. 曼彻斯特联
球队市值 3104
品牌收入 703

4. 拜仁慕尼黑
球队市值 2347
品牌收入 661

5. 曼彻斯特城
球队市值 1375
品牌收入 562

6. 切尔西
球队市值 1370
品牌收入 526

7. 阿森纳
球队市值 1307
品牌收入 487

8. 利物浦
球队市值 982
品牌收入 415

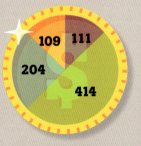

9. 尤文图斯
球队市值 837
品牌收入 379

10. AC 米兰
球队市值 775
品牌收入 339

11. 多特蒙德
球队市值 700
品牌收入 355

12. 巴黎圣日耳曼
球队市值 634
品牌收入 643

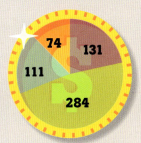

13. 托特纳姆热刺
球队市值 600
品牌收入 293

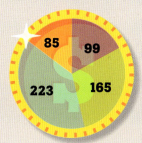

14. 沙尔克 04
球队市值 572
品牌收入 290

15. 国际米兰
球队市值 439
品牌收入 222

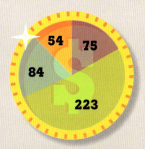

16. 马德里竞技
球队市值 436
品牌收入 231

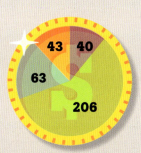

17. 那不勒斯
球队市值 353
品牌收入 224

18. 纽卡斯尔联
球队市值 349
品牌收入 210

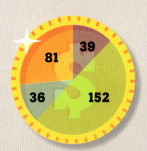

19. 西汉姆联
球队市值 309
品牌收入 186

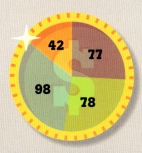

20. 加拉塔萨雷
球队市值 294
品牌收入 220

●数据截至 2015 年 5 月，单位均为百万美元。
数据来源：Forbes.com

最"豪"的欧洲俱乐部

每个球迷都认定自己的球队堪称豪门。不过，从财富、夺冠历史、当地与国际球迷基础几方面来看，的确有这样几支球队更加出众。

1 凯尔特人
1887 年创立
★
联赛冠军 46 次
苏格兰杯冠军 36 次
欧冠冠军 1 次

2 曼联
1878 年创立
★
联赛冠军 20 次
足总杯冠军 11 次
欧冠冠军 3 次
欧洲优胜者杯冠军 1 次

3 曼城
1880 年创立
★
联赛冠军 4 次
足总杯冠军 5 次
欧洲优胜者杯冠军 1 次

4 利物浦
1892 年创立
★
联赛冠军 18 次
足总杯冠军 7 次
欧冠冠军 5 次
欧联杯冠军 3 次

5 阿森纳
1886 年创立
★
联赛冠军 13 次
足总杯冠军 12 次
欧洲优胜者杯冠军 1 次

6 切尔西
1905 年创立
★
联赛冠军 5 次
足总杯冠军 7 次
欧冠冠军 1 次
欧联杯冠军 1 次
欧洲优胜者杯冠军 2 次

7 巴黎圣日耳曼
1970 年创立
★
联赛冠军 5 次
法国杯冠军 9 次
欧洲优胜者杯冠军 1 次

8 马赛
1899 年创立
★
联赛冠军 10 次
法国杯冠军 10 次
欧冠冠军 1 次

9 阿贾克斯
1900 年创立
★
联赛冠军 33 次
荷兰杯冠军 18 次
欧冠冠军 4 次
欧联杯冠军 1 次
欧洲优胜者杯冠军 1 次

10 埃因霍温
1913 年创立
★
联赛冠军 22 次
荷兰杯冠军 9 次
欧冠冠军 1 次
欧联杯冠军 1 次

11 本菲卡
1904 年创立
★
联赛冠军 34 次
葡萄牙杯冠军 25 次
欧冠冠军 2 次

12 波尔图
1893 年创立
★
联赛冠军 27 次
葡萄牙杯冠军 16 次
欧冠冠军 2 次

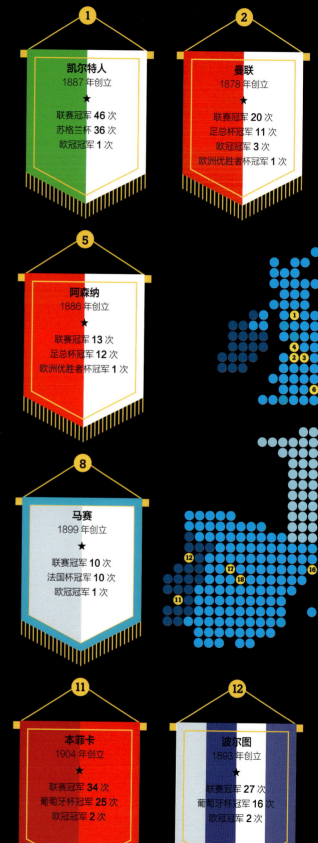

13 拜仁慕尼黑
1900 年创立
★
联赛冠军 **25** 次
德国杯冠军 **17** 次
欧冠冠军 **5** 次
欧联杯冠军 **1** 次
欧洲优胜者杯冠军 **1** 次

14 多特蒙德
1909 年创立
★
联赛冠军 **8** 次
德国杯冠军 **3** 次
欧冠冠军 **1** 次
欧洲优胜者杯冠军 **1** 次

15 沙尔克 04
1904 年创立
★
联赛冠军 **7** 次
德国杯冠军 **5** 次
欧联杯冠军 **1** 次

16 巴萨
1899 年创立
★
联赛冠军 **24** 次
国王杯冠军 **27** 次
欧冠冠军 **5** 次
欧洲优胜者杯冠军 **4** 次

17 皇家马德里
1902 年创立
★
联赛冠军 **32** 次
国王杯冠军 **19** 次
欧冠冠军 **11** 次
欧联杯冠军 **2** 次

18 马德里竞技
1903 年创立
★
联赛冠军 **10** 次
国王杯冠军 **10** 次
欧联杯冠军 **2** 次
欧洲优胜者杯冠军 **1** 次

19 AC 米兰
1899 年创立
★
联赛冠军 **18** 次
意大利杯冠军 **5** 次
欧冠冠军 **7** 次
欧联杯冠军 **2** 次

20 国际米兰
1908 年创立
★
联赛冠军 **18** 次
意大利杯冠军 **7** 次
欧冠冠军 **3** 次
欧联杯冠军 **3** 次

21 尤文图斯
1897 年创立
★
联赛冠军 **32** 次
意大利杯冠军 **10** 次
欧冠冠军 **2** 次
欧联杯冠军 **3** 次
欧洲优胜者杯冠军 **1** 次

22 加拉塔萨雷
1905 年创立
★
联赛冠军 **20** 次
土耳其杯冠军 **16** 次
欧联杯冠军 **1** 次

最长的和最短的名字

真心疼那些球衣的制衣工人，他们每天都要与球员的名字打交道。这些名字有的优雅，有的却要么怪，要么长，但正是这些名字让比赛变得无比精彩。有些球队和球员会选取简洁的名称印在球衣上，有一些却喜欢别人尊称自己的全名，但其实大部分这样的全名都并不会被翻译出来。

短的名字

长的名字

若奥·阿尔维斯·德·阿西斯·席尔瓦
（ JOÃO ALVES DE ASSIS SILVA ）
阿尔沙巴布 & 巴西
他的全名其实是足球运动员里最长的
名字之一。

登巴·巴
（ DEMBA BA ）
上海申花 & 塞内加尔
他的名字已经短无可短了，
给制作球衣的工人们省了不少事。

索克拉蒂斯·帕帕斯塔索普洛斯
（ SOKRATIS PAPASTATHOPOULOS ）
多特蒙德 & 希腊
希腊球员的姓太长了，他们一般都选取
自己的名印在球衣上。

超长的名字

Clwb Pel Droed Llanfairpwllgwyngyllgo

Nooit Opgeven Altijd Doorzetten Aangenaam Door Vermaak En Nuttig Door Ontspanning Combinatie Breda

荷甲俱乐部之一，共有 86 个字母，谢天谢地，他们给自己起了简称"NAC 布雷达"（ NAC Breda ）。

怪异的名字

克里登斯·克里尔沃特·库托（CREEDENCE CLEARWATER COUTO）
显然，库托的父母都是美国乐队"克里登斯清水复兴"（Creedence Clearwater Revival）的狂热粉丝，而库托在巴西球队圣克鲁斯的队友都叫他"保利斯塔"（Paulista）。

基督·邦戈（CHRIST BONGO）
刚果球员，曾在 2000—2001 年间为国家队出场 4 次。

诺曼·康克韦斯特（NORMAN CONQUEST）
澳大利亚球员，其名字有"诺曼征服"之意，曾在 1947—1950 年间为国家队出场 11 次。

马克·德·曼（MARK DE MAN）
比利时球员，其名字有"盯住那个人"之意，曾在 2007—2008 年间为国家队出场 5 次——没错，他还真是个后卫。

扬·文内胡尔·赫塞林克
（JAN VENNEGOOR OF HESSELINK）
荷兰，已退役
在荷兰语中，"Of"的意思是"和"，可见这个拗口的名字源于"文内胡尔"与"赫塞林克"两个农户之家的联姻。联姻后，他们将名字合并了。

亚历克斯·奥克斯莱德－张伯伦
（ALEX OXLADE-CHAMBERLAIN）
阿森纳 & 英格兰
为了防止球衣上的名字太长要分行，张伯伦的名字得到了"Ox"的简称，这个简称同时也有"公牛"的意思。

巴斯蒂安·施魏因施泰格
（BASTIAN SCHWEINSTEIGER）
曼联 & 德国
说来有趣，施魏因施泰格姓氏的意思非常奇怪——"骑猪者"。

...gerychwyrndrobwllllantysiliogogogoch
威尔士联盟联赛球队之一，共有 70 个字母，它的简称更为有名——CPD 兰韦尔普尔（CPD Llanfairpwll）

Borussia Verein für Leibesübungen 1900 Mönchengladbach e.V.
德甲球队门兴格拉德巴赫的全名，不过球迷更容易记下球队的昵称——小马驹。

跑得最快的球员

嗖！后卫最恨的就是进攻球员的高速突破。虽然平均速度前十名的球员之间的差距仅有 5km/h*，但这 5km/h 却可以轻易决定最后一刻绝杀的完成质量，就是速度最快的后卫也拿这几名球员束手无策。不过，这些足球运动员的奔袭速度能和田径运动员相比吗？和野兔相比又如何？

（* 数据来自国际足联的一项研究，2014 年发表于西班牙《世界体育报》）

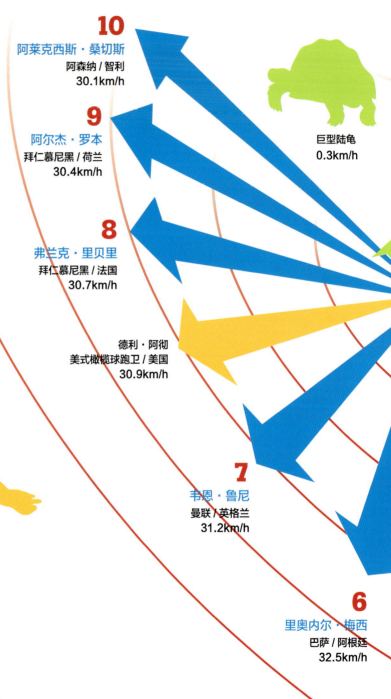

10
阿莱克西斯·桑切斯
阿森纳 / 智利
30.1km/h

9
阿尔杰·罗本
拜仁慕尼黑 / 荷兰
30.4km/h

巨型陆龟
0.3km/h

8
弗兰克·里贝里
拜仁慕尼黑 / 法国
30.7km/h

德利·阿彻
美式橄榄球跑卫 / 美国
30.9km/h

风驰电掣

37km/h
阿尔杰·罗本

拜仁慕尼黑 / 荷兰
足球运动员冲刺速度最新纪录，创造于 2014 年 6 月 13 日，荷兰对阵西班牙的世界杯比赛上。

皮埃尔－埃梅里克·奥巴梅扬

多特蒙德 / 加蓬
在 2013 年季前训练中创造了 3.7 秒冲刺 30 米的纪录，比短跑运动员尤塞恩·博尔特创下百米冲刺纪录时还要快 0.08 秒。

7
韦恩·鲁尼
曼联 / 英格兰
31.2km/h

6
里奥内尔·梅西
巴萨 / 阿根廷
32.5km/h

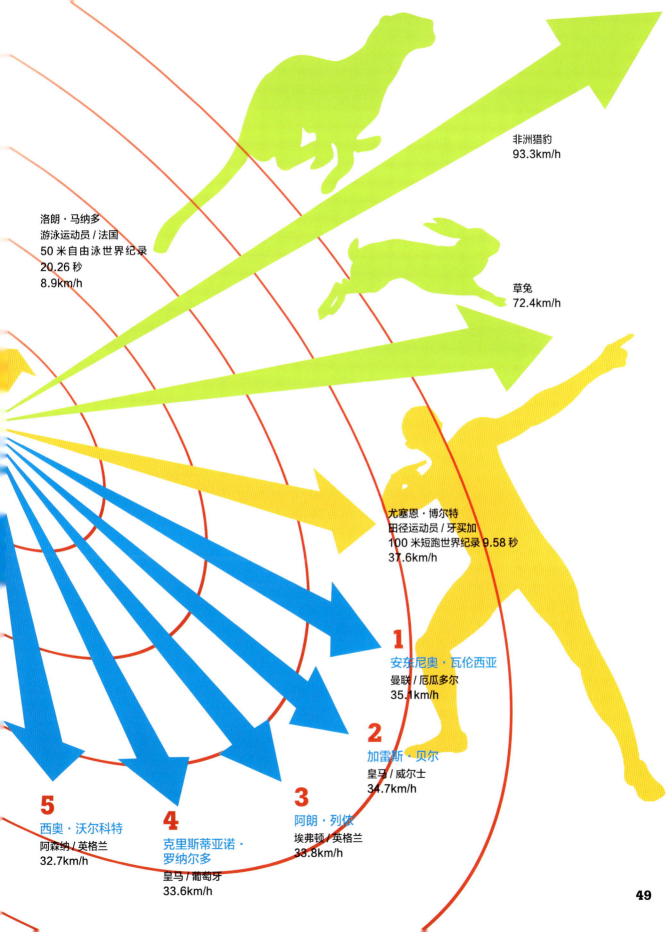

非洲猎豹
93.3km/h

洛朗·马纳多
游泳运动员 / 法国
50 米自由泳世界纪录
20.26 秒
8.9km/h

草兔
72.4km/h

尤塞恩·博尔特
田径运动员 / 牙买加
100 米短跑世界纪录 9.58 秒
37.6km/h

1
安东尼奥·瓦伦西亚
曼联 / 厄瓜多尔
35.1km/h

2
加雷斯·贝尔
皇马 / 威尔士
34.7km/h

5
西奥·沃尔科特
阿森纳 / 英格兰
32.7km/h

4
克里斯蒂亚诺·
罗纳尔多
皇马 / 葡萄牙
33.6km/h

3
阿朗·列侬
埃弗顿 / 英格兰
33.8km/h

世界杯进球最多的球员

从 1930 年乌拉圭世界杯到 2014 年巴西世界杯，以下这 22 名顶级射手加在一起，共代表各自的国家举起过 20 次大力神杯。他们中的大部分也都曾荣膺金靴奖——这是国际足联为在每届世界杯比赛上进球最多的球员设置的奖项。他们，都是传奇。

22 名世界杯顶级射手

姓名	国籍	参赛年份	参赛场数	进球数
1 米拉斯洛夫·克洛泽	德国	2002, 2006, 2010, 2014	24	16
2 罗纳尔多	巴西	1994, 1998, 2002, 2006	19	15
3 盖德·穆勒	联邦德国	1970, 1974	13	14
4 朱斯特·方丹	法国	1958	6	13
5 贝利	巴西	1958, 1962, 1966, 1970	14	12
=6 桑多尔·柯奇什	匈牙利	1954	5	11
= 尤尔根·克林斯曼	德国	1990, 1994, 1998	17	11
=8 赫尔穆特·拉恩	联邦德国	1954, 1958	10	10
= 泰奥菲洛·库比拉斯	秘鲁	1970, 1978, 1982	13	10
= 格泽戈尔斯·拉托	波兰	1974, 1978, 1982	20	10
= 加里·莱因克尔	英格兰	1986, 1990	12	10
= 加布里埃尔·巴蒂斯图塔	阿根廷	1994, 1998, 2002	12	10
= 托马斯·穆勒	德国	2010, 2014	13	10
=14 瓦瓦	巴西	1958, 1962	10	9
= 乌维·席勒	联邦德国	1958, 1962, 1966, 1970	21	9
= 尤西比奥	葡萄牙	1966	6	9
= 雅伊尔津霍	巴西	1966, 1970, 1974	16	9
= 保罗·罗西	意大利	1978, 1982, 1986	14	9
= 卡尔·海因茨·鲁梅尼格	联邦德国	1978, 1982, 1986	19	9
= 罗伯托·巴乔	意大利	1990, 1994, 1998	16	9
= 克里斯蒂安·维埃里	意大利	1998, 2002	9	9
= 大卫·比利亚	西班牙	2006, 2010, 2014	12	9

金靴奖得主

世界杯金靴奖于 1982 年设立，之前的世界杯顶级射手是没有奖励的。
金靴奖原名"金球鞋奖"(the Golden Shoe)，2010 年起更名为"金靴奖"
(the Golden Boot)。

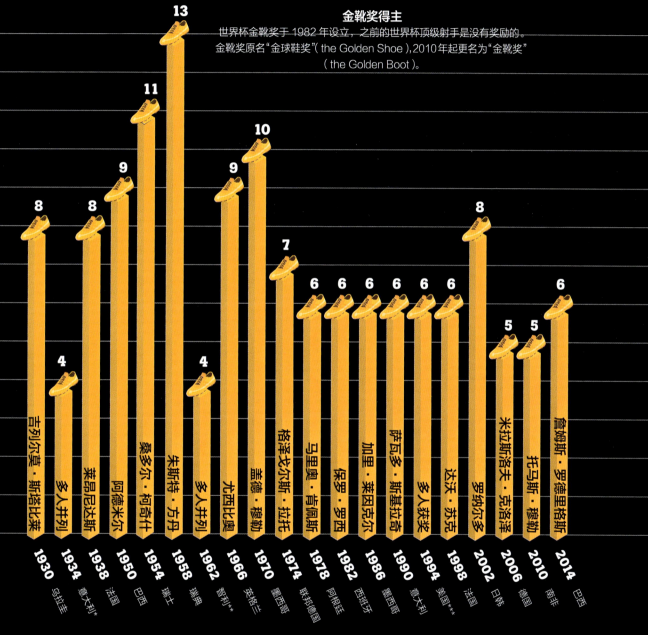

年份	东道主	获奖者	进球数
1930	乌拉圭	吉列尔莫·斯塔比莱	8
1934	意大利*	多人并列	4
1938	法国	莱昂尼达斯	8
1950	巴西	阿德米尔	9
1954	瑞士	桑多尔·柯奇什	11
1958	瑞典	朱斯特·方丹	13
1962	智利**	多人并列	4
1966	英格兰	尤西比奥	9
1970	墨西哥	盖德·穆勒	10
1974	联邦德国	格泽戈尔斯·拉托	7
1978	阿根廷	马里奥·肯佩斯	6
1982	西班牙	保罗·罗西	6
1986	墨西哥	加里·莱因克尔	6
1990	意大利	萨瓦多·斯基拉奇	6
1994	美国***	多人获奖	6
1998	法国	达沃·苏克	6
2002	日韩	罗纳尔多	8
2006	德国	米拉斯洛夫·克洛泽	5
2010	南非	托马斯·穆勒	5
2014	巴西	詹姆斯·罗德里格斯	6

* 并列者：
安杰洛·斯基亚维奥
埃德蒙德·柯南
奥尔德里奇·内耶德利

** 并列者
弗洛里安·阿尔伯特　　莱昂内尔·桑切斯
瓦伦丁·伊万诺夫　　　瓦瓦
德拉桑·耶尔科维奇　　加林查

*** 获奖者
赫里斯托·斯托伊奇科夫
奥列格·萨连科

51

美洲杯盘点

是的，又到在球场上跳起桑巴热舞的时间了，南美洲的各个国家齐聚球场，角逐着历史最为悠久的国家间足球赛事——美洲杯的冠军。美洲杯的前身为"南美足球锦标赛"，创立于 1916 年，1975 年更名为"美洲杯"。随着名称的改换，南美大陆上的竞争也日渐激烈起来了。（★ = 冠军）

美洲杯

1975 无固定东道国
★ 秘鲁
亚军：哥伦比亚
0-1/2-1 决赛：1-0

1979 无固定东道国
★ 巴拉圭
亚军：智利
3-0/0-1 决赛：0-0
（巴拉圭以总比分 3-1 胜出）

1983 无固定东道国
★ 乌拉圭
亚军：巴西
2-0/1-1（乌拉圭以积分胜出）

1987 阿根廷
★ 乌拉圭
亚军：智利
1-0

1989 巴西
★ 巴西
亚军：乌拉圭
巴西赢下决赛圈全部 3 场比赛，
决赛圈对手为乌拉圭、阿根廷和
巴拉圭

1991 智利
★ 阿根廷
亚军：巴西
阿根廷在决赛圈赢 2 场平 1 场，
决赛圈对手为巴西、哥伦比亚和
智利

1993 厄瓜多尔
★ 阿根廷
亚军：墨西哥
2-1

1995 乌拉圭
★ 乌拉圭
亚军：巴西
1-1（点球决胜 5-3）

1997 玻利维亚
★ 巴西
亚军：玻利维亚
3-1

1999 巴拉圭
★ 巴西
亚军：乌拉圭
3-0

2001 哥伦比亚
★ 哥伦比亚
亚军：墨西哥
1-0

2004 秘鲁
★ 巴西
亚军：阿根廷
2-2（点球决胜 4-2）

2007 委内瑞拉
★ 巴西
亚军：阿根廷
3-0

2011 阿根廷
★ 乌拉圭
亚军：巴拉圭
3-0

2015 智利
★ 智利
亚军：阿根廷
0-0（点球决胜 4-1）

南美足球锦标赛历届冠军

1916	乌拉圭	1939	秘鲁
1917	乌拉圭	1941	阿根廷
1919	巴西	1942	乌拉圭
1920	乌拉圭	1945	阿根廷
1921	阿根廷	1946	阿根廷
1922	巴西	1947	阿根廷
1923	乌拉圭	1949	巴西
1924	乌拉圭	1953	巴拉圭
1925	阿根廷	1955	阿根廷
1926	乌拉圭	1956	乌拉圭
1927	阿根廷	1957	阿根廷
1929	阿根廷	1959	阿根廷
1935	乌拉圭	1963	玻利维亚
1937	阿根廷	1967	乌拉圭

1968—1974 年间未举办

冠军榜

1916—2015

15 乌拉圭
14 阿根廷
8 巴西
2 巴拉圭
2 秘鲁
1 智利
1 哥伦比亚
1 玻利维亚

6 1993 年以来，共有 6 个南美洲以外的国家曾被邀请参加美洲杯：

哥斯达黎加（1997、2001、2004、2011）

洪都拉斯（2001）

牙买加（2015）

日本（1999）

墨西哥（1993、1995、1997、1999、2001、2004、2007、2011、2015）

美国（1993、1995、2007）

射手榜

17 诺伯托·门德斯（1945—1956），阿根廷

17 济济尼奥（1942—1957），巴西

15 泰奥多罗·费尔南德斯（1935—1947），秘鲁

15 塞维里诺·瓦雷拉（1935—1942），乌拉圭

13 阿德米尔（1945—1953），巴西

13 加布里埃尔·巴蒂斯图塔（1991—2002），阿根廷

13 雅伊尔津霍（1964—1982），巴西

13 何塞·曼努埃尔·莫雷诺（1936—1950），阿根廷

13 埃克托尔·斯卡罗内（1917—1932），乌拉圭

12 罗伯托·波尔塔（1937—1945），乌拉圭

12 安格尔·罗马诺（1911—1927），乌拉圭

11 维克托·奥古斯丁·乌加特（1947—1963），玻利维亚

11 埃米尼奥·马桑托尼奥（1935—1942），阿根廷

53

转会费最高的球员

过去一百多年的时间里，足球运动员的转会费直线上升。这些费用在过去用一个信封就足以装下，而现在可能用一辆拖车都拖不走。1893 年，英格兰中部城市俱乐部的转会费只有 100 英镑，而 2013 年，皇马花费 8530 万英镑才将加雷斯·贝尔招致麾下。这样的加价何时才是尽头呢？

特雷弗·弗朗西斯

特雷弗·弗朗西斯经常被认为是转会费超过 100 万英镑的第一人，当时他从伯明翰转会诺丁汉森林——事实上，那次转会真正的费用为 95 万英镑，加上了增值税和其他各种税款之后，总费用才涨至 118 万英镑。

迭戈·马拉多纳

迭戈·马拉多纳是唯一一名两次打破转会费纪录的球星。1982 年，巴萨花费 300 万英镑签下了他，两年后又以 500 万英镑的价格将他出售给了那不勒斯。

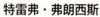

£100	£1,000	£5,000	£10,890	£23,000	£52,000	£72,000	£152,000	£250,000	£300,000	£500,000	£922,000	£1,200,000	£1,750,000	£3,000,000	£5,000,000
1893	1905	1922	1928	1932	1952	1954	1961	1963	1967	1968	1973	1975	1976	1982	1984
威廉·格罗夫斯（苏格兰）西布罗姆维奇至阿斯顿维拉	阿尔夫·科蒙（英格兰）桑德兰至米德尔斯堡	赛德·普迪特（英格兰）西汉姆联至福尔柯克	大卫·杰克（英格兰）博尔顿流浪者至阿森纳	贝尔纳贝·费雷拉（阿根廷）老虎至河床	汉斯·那普松（瑞典）亚特兰大至那不勒斯	胡安·斯基亚菲诺（乌拉圭）佩纳罗尔至 AC 米兰	路易斯·苏亚雷斯（西班牙）巴塞罗那至国际米兰	安杰罗·索马尼（意大利）瓦雷泽至尤文图斯	哈拉德·尼尔森（丹麦）博洛尼亚至国际米兰	皮耶特罗·阿纳斯塔西（意大利）瓦雷泽至尤文图斯	约翰尼斯·克鲁伊夫（荷兰）阿贾克斯至巴萨	朱塞佩·萨沃尔迪（意大利）博洛尼亚至那不勒斯	保罗·罗西（意大利）尤文图斯至维琴察	迭戈·马拉多纳（阿根廷）博卡青年至巴萨	迭戈·马拉多纳（阿根廷）巴萨至那不勒斯

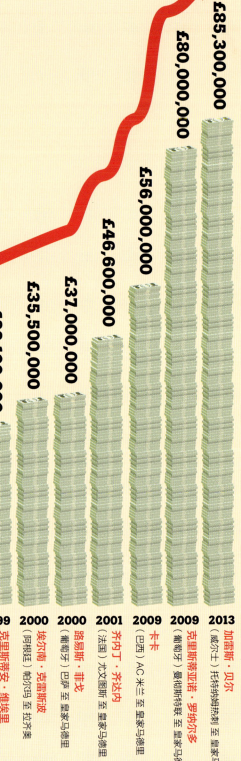

在今天值多少钱?
1893	威廉·格罗夫斯	£100 = £10,000
1905	阿尔夫·科蒙	£1,000 = £100,000
1928	大卫·杰克	£10,890 = £610,000
1954	胡安·斯基亚菲诺	£72,000 = £1.8M
1961	路易斯·苏亚雷斯	£152,000 = £3.1M
1975	朱塞佩·萨沃尔迪	£1,200,000 = £11.2M
1984	迭戈·马拉多纳	£5,000,000 = £15M
1992	让－皮埃尔·帕潘	£10,000,000 = £19.2M
1998	德尼尔森	£21,500,000 = £35M
2000	埃尔南·克雷斯波	£35,500,000 = £55M

* M= 百万

£85,300,000
£80,000,000
£56,000,000
£46,600,000
£37,000,000
£35,500,000
£32,100,000
£21,500,000
£19,500,000
£15,000,000
£13,000,000
£12,000,000
£10,000,000
£8,000,000
£6,000,000

1987	1990	1992	1992	1992	1996	1997	1998	1999	2000	2000	2001	2009	2009	2013
路德·古利特	罗伯托·巴乔	让－皮埃尔·帕潘	詹卢卡·维亚利	吉安路易吉	阿兰·希勒	罗纳尔多	德尼尔森	克里斯蒂安·维埃里	埃尔南·克雷斯波	路易斯·菲戈	齐内丁·齐达内	卡卡	克里斯蒂亚诺·罗纳尔多	加雷斯·贝尔
（荷兰）埃因霍温至AC米兰	（意大利）佛罗伦萨至尤文图斯	（法国）马赛至AC米兰	（意大利）桑普多利亚至尤文图斯	（意大利）都灵至AC米兰	（英格兰）布莱克本至纽卡斯尔联	（巴西）巴萨至国际米兰	（巴西）圣保罗至皇家贝蒂斯	（意大利）拉齐奥至国际米兰	（阿根廷）帕尔马至拉齐奥	（葡萄牙）巴萨至皇家马德里	（法国）尤文图斯至皇家马德里	（巴西）AC米兰至皇家马德里	（葡萄牙）曼彻斯特联至皇家马德里	（威尔士）托特纳姆热刺至皇家马德里

55

足球场上最"酷"的发型

足球运动员都认为自己站在时尚前沿，就连他们的发型也不例外。但他们有时也会固执无脑地对自己的头发做出或千奇百怪或惨不忍睹的处理。甚至有些球员，他们在场上发挥平平，可奇特的造型却给人们留下了深刻的印象。在以下这些注重发型的球员里选出一个"赢家"吧。

鲁迪·沃勒尔

德国 1982—1994

阿莱克西·拉拉斯

美国 1991—1998

马里奥·巴洛特利

意大利 2010—

斯特凡·埃芬博格

德国 1991—1998

路德·古利特

荷兰 1981—1994

罗伯托·巴乔

意大利 1988—2004

博比·查尔顿

英格兰 1958—1970

马鲁万·费莱尼

比利时 2007—

克里斯·瓦德尔

英格兰 1985—1991

阿贝尔·沙维尔

葡萄牙 1993—2002

← 卡洛斯·巴尔德拉马

哥伦比亚 1985—1998

中场球员巴尔德拉马昵称"小孩儿"，有一头
鲜艳的金色卷发。他代表国家队踢过 111 场
比赛，出场三届世界杯，共打进 11 球。

谁是最佳教练？

足球是 11 名球员在球场上挥洒汗水的运动，但同时，在场下还有一个人，他也会血压飙升，向场内的球员大喊着他的指令。在顶级球队的背后，总会有一个教练，为一群各有特点的球员安排战术、加油打气，向他们表示关切，甚至传达爱意与担忧，帮助他们在比赛中拿出最高的水平。谁是"最佳教练"的争论是无休无止的，而以下这几名教练均属一流。

阿历克斯·弗格森爵士　苏格兰，1941—

16 次联赛冠军·阿伯丁、曼联
2 次欧洲优胜者杯冠军·阿伯丁、曼联
2 次欧冠冠军·曼联
1 次世俱杯冠军·曼联

再加上 14 次苏格兰和英格兰的国内杯赛冠军，弗格森爵士是史上夺冠次数最多的教练。他赢得的欧洲洲际冠军奖杯，仅次于意大利名帅乔瓦尼·特拉帕托尼。

乌多·拉特克　德国，1935—2015

8 次联赛冠军·拜仁慕尼黑、门兴格拉德巴赫
1 次欧冠冠军·拜仁慕尼黑
1 次欧联杯冠军·门兴格拉德巴赫
1 次欧洲优胜者杯冠军·巴萨

拉特克在 52 岁时就早早放下教鞭，终止了令人印象深刻的夺冠生涯，而他年轻时从未当过职业球员。他和特拉帕托尼是仅有的两名获得过全部欧洲三大杯冠军的教练。

鲍勃·佩斯利　英格兰，1919—1996

6 次联赛冠军·利物浦
3 次欧冠冠军·利物浦
1 次欧联杯冠军·利物浦
1 次欧洲超级杯·利物浦

论起对一支球队的忠诚，没人能比得过佩斯利。这位细声细语的英格兰人在利物浦度过了 44 年时光，先后做过球员、理疗师、教练和主帅。他带领球队在 1975—1983 年间统治英格兰足坛，连续 6 个赛季问鼎联赛冠军。在卡尔洛·安切洛蒂之前，佩斯利是唯一一名三夺欧冠冠军的教练。

奥特马尔·希斯菲尔德　德国，1949—

9 次联赛冠军·苏黎世草蜢、多特蒙德、拜仁慕尼黑
2 次欧冠冠军·多特蒙德、拜仁慕尼黑

希斯菲尔德被视为最伟大的德国主帅之一，曾带领拜仁 5 次夺得联赛冠军，其中 4 次是在 1999—2003 年间连续获得的。2014 年，他在带领瑞士队杀入世界杯之后放下了教鞭。

何塞·穆里尼奥　葡萄牙，1963—

8 次联赛冠军·波尔图、切尔西、国际米兰、皇家马德里
2 次欧冠冠军·波尔图、国际米兰
1 次欧联杯冠军·波尔图

和拉特克一样，穆里尼奥也在 52 岁时获得了 8 次联赛冠军，但这名野心勃勃、效率奇高、自信爆棚的葡萄牙主帅绝不会就此停步。仅有 5 名主帅曾在 4 个不同国家都夺得过联赛冠军，穆里尼奥就是其中一员。

国际足联年度最佳教练

每年的 10 位年度最佳教练候选人由国际足联评选，最终的获奖者由各个国家队的教练和队长以及各国的足球记者投票选出。

2015
路易斯·恩里克（西班牙，巴萨）

2014
尤阿希姆·勒夫（德国，国家队）

2013
雅普·海因克斯（德国，拜仁慕尼黑）

2012
文森特·德尔·博斯克（西班牙，国家队）

2011
佩普·瓜迪奥拉（西班牙，巴萨）

2010
何塞·穆里尼奥（葡萄牙，国际米兰）

布莱恩·克拉夫　英格兰，1935—2004

2 次联赛冠军·德比郡、诺丁汉森林
2 次欧冠冠军·诺丁汉森林
1 次欧洲超级杯冠军·诺丁汉森林

不同于大部分足球史上成功者的故事，在 1979—1980 年间，克拉夫将一直名不见经传的诺丁汉森林带上了欧洲之巅。球员时代，克拉夫也是个功勋卓著的射手，在 274 次联赛出场中打进了 251 粒进球，直到膝伤终结了他的球员生涯。他的梦想是执教英格兰国家队，但这个梦想没有实现。1974 年，他接过利兹联的教鞭，但执教仅 44 天就宣告辞职。毫无疑问，克拉夫火暴好斗的脾气和恃才傲物的个性成就了他教练生涯的伟大——虽然他自己并不这样认为：

" 我不会说我是足坛最棒的主教练，但我绝对是顶级之一。"

乔瓦尼·特拉帕托尼　意大利，1939—

10 次联赛冠军·尤文图斯、国际米兰、拜仁慕尼黑、
　　　　　　　　本菲卡、萨尔茨堡红牛
3 次欧联杯冠军·尤文图斯、国际米兰
1 次欧洲优胜者杯冠军·尤文图斯
1 次欧冠冠军·尤文图斯

特拉帕托尼的执教生涯跨越 40 年，在 4 个国家的俱乐部都获得过成功，这让他成了意甲历史上最成功的主帅之一。特拉帕托尼也是唯一一名拿全了欧洲洲际比赛冠军的教练。

恩斯特·哈佩尔　奥地利，1925—1992

8 次联赛冠军·费耶诺德、布鲁日、汉堡、斯沃洛夫斯基蒂罗尔
2 次欧冠冠军·费耶诺德、汉堡

哈佩尔也在 4 个不同国家拿到过联赛冠军，还带领费耶诺德和汉堡获得了队史上唯一的一座欧冠奖杯，这也让他成了第一名在两支球队先后夺取欧冠冠军的教练。国家队方面，哈佩尔还将潜力无限的荷兰队带到了 1978 年的世界杯决赛。

里努斯·米歇尔斯　荷兰，1928—2005

5 次联赛冠军·阿贾克斯、巴萨
1 次欧冠冠军·阿贾克斯
1 次欧洲杯冠军·荷兰

米歇尔斯的奖杯数量可能不像其他名帅那么多，但他在足球史上也留下了不可磨灭的印记。米歇尔斯发明了激进的"全攻全守"战术，并成功地在阿贾克斯推行。同时，他还在 1974 年带领荷兰国家队闯入世界杯决赛。决赛虽未胜利，但却被普遍认作荷兰队最精彩的世界杯比赛。1988 年，米歇尔斯带队夺取欧洲杯冠军，算是做出了补偿。

米格尔·穆诺兹　西班牙，1922—1990

9 次联赛冠军·皇家马德里
2 次欧冠冠军·皇家马德里

作为皇马的球员，穆诺兹曾三次夺取欧冠冠军（1956—1958），其中两次都由他担任队长。执教后，他又两次带领球队夺得欧冠冠军（1960 和 1966），成为在同一支球队以球员和教练身份分别问鼎欧冠的第一人。穆诺兹的国家队执教生涯波澜不惊，不过他曾在 1980 年成功带领西班牙闯入欧洲杯决赛，在决赛中 0-2 败给法国。

历届世界杯吉祥物

自从这只名叫"维利"的狮子在 1966 年的英格兰诞生，并成功当上马克杯、毛巾和 T 恤衫的流行图案以后，每届世界杯都有了自己的吉祥物。不过，不同国家对自己的吉祥物也会有千奇百怪的选择。

1966
英格兰
维利

（狮子）

1970
墨西哥
胡安尼特

1974
联邦德国
提普和泰普

1978
阿根廷
高切托

1982
西班牙
纳兰吉托

（橙子）

1986
墨西哥
皮克

（辣椒）

1990
意大利
查奥

1994
美国
射手
（狗）

1998
法国
福蒂克斯
（公鸡）

2002
韩日
阿托、卡兹和尼克
（未知生物）

2006
德国
高里奥六世
（狮子——第二次当选）

2010
南非
扎库米
（猎豹）

2014
巴西
福来哥
（犰狳）

球员收入富豪榜

我们都知道，顶级职业球员靠踢球就足以日进斗金。以下这些球员的收入比他们的大部分队友都要高，他们自己——或者他们雇佣的团队——掌握着让进项翻倍的独门诀窍。

	身价 （百万美元）	球员 职业合同
大卫·贝克汉姆 已退役	316	
克里斯蒂亚诺·罗纳尔多 皇家马德里	210	⚽
里奥内尔·梅西 巴萨	200	⚽
内马尔 巴萨	135	⚽
兹拉坦·伊布拉希莫维奇 曼联	105	⚽
韦恩·鲁尼 曼联	103	⚽
卡卡 奥兰多城	96	⚽
萨穆埃尔·埃托奥 安塔利亚体育	87	⚽
劳尔 纽约宇宙	85	⚽
罗纳尔迪尼奥 无合同	83	
弗兰克·兰帕德 纽约城	80	⚽
巴斯蒂安·施魏因施泰格 曼联	75	⚽
里奥·费迪南德 已退役	72	
吉安路易吉·布冯 尤文图斯	68	⚽
史蒂文·杰拉德 洛杉矶银河	64	⚽

里奥内尔·梅西

2014 年收入 6500 万欧元，相当于当年为巴萨出场每场联赛或杯赛即可收入 140 万欧元。

克里斯蒂亚诺·罗纳尔多

2015 年为耐克、泰格豪雅等品牌代言共收入约 270 万美元。

韦恩·鲁尼

作为赛马"皮皮"的主人，于 2012 年首次在伍尔弗汉普顿赛马场获胜。皮皮为雄性马驹，身价 6.3 万英镑。

数据来源：goal.com，2015 年 3 月

代言	房产	商业活动	写作	赛马	模特	影视	拥有球队
✓	🏠	🤝			👤	🎬	🏆
✓	🏠	🤝			👤		
✓	🏠	🤝					
✓					👤		
✓	🏠	🤝	✏️				
✓	🏠			🐎			
✓	🏠						
✓							
✓	🏠	🤝					
✓							
✓	🏠		✏️				
✓							
✓	🏠	🤝	✏️				
✓		🤝					
✓	🏠						

大卫·贝克汉姆

以 **2500 万美元**的价格价购买了自己的美职联球队，选址迈阿密（此价格在 2007 年与洛杉矶银河签下职业合同时已商定）。

弗兰克·兰帕德

至今已授权 **15** 本童书，主题为一个少年的足球冒险，丛书名——理所当然地——叫作《弗兰克与"魔法足球"》。

有过足球梦的社会名流

很多小孩小时候都做过足球明星梦，有些人的梦想的确实现了，可另外一些，后来却当上了大厨、存在主义小说家，甚至上帝在人间的代表。显示过足球天赋的社会名流多得令你吃惊——他们为什么都想当门将呢？

洛德·斯图尔特
摇滚歌星
1945—

斯图尔特在杰夫·贝克组合和小脸乐队担纲主唱，同时也是个超级独唱巨星。少年时，他曾在伦敦球队布伦特福德试训，可并未被球队选中。

尼尔斯·玻尔
物理学家
1885—1962

丹麦物理学家尼尔斯·玻尔获得过诺贝尔奖，但他也曾担任球队门将。在尼尔斯·玻尔为丹麦球队 AB 哥本哈根队效力的同时，他的弟弟、数学天才哈拉德·玻尔则在 1908 年为丹麦国家足球队赢得了一枚奥运银牌。

戈登·拉姆齐
厨师 & 餐厅老板
1966—

在一次十字韧带拉伤后，戈登·拉姆齐结束了自己的球员生涯，转而当上了著名厨师和电视明星。拉姆齐曾在苏格兰豪门格拉斯哥流浪者的两场训练赛中出场，不过——不同于一些传闻——他从未进过球队一线队，连替补球员都没当过。

胡里奥·伊格莱西亚斯
男低音歌手
1943—

20 世纪 60 年代的一场车祸终结了这名西班牙门将在皇马青年队逐渐腾飞的事业，但他在一把吉他的陪伴下走出了阴影，也改写了一生的命运。

鲁契亚诺·帕瓦罗蒂
歌剧歌唱家
1935—2007

伟大的意大利男高音歌唱家帕瓦罗蒂在青年时代——也是更加苗条的那个时代——也曾是一名激情四溢的足球运动员，在其家乡球队摩德纳队中担任门将和边锋。

肖恩·康纳利
演员
1930—

肖恩·康纳利因参演音乐剧《南太平洋》而出道，后来还饰演过詹姆斯·邦德一角。23 岁时，康纳利被时任曼联主帅的马特·巴斯比看中，巴斯比爵士给他提供了一份周薪 25 英镑的职业合同。当时，苏格兰球队东法夫也给了他试训的机会，康纳利最终拒绝了巴斯比爵士的邀请。高明啊，007……

史蒂夫·哈里斯

摇滚明星

1956—

和大卫·贝克汉姆一样，史蒂夫·哈里斯也出生于东伦敦的莱顿斯通。他是铁娘子乐队的创始人之一，同时也是乐队贝斯手。他的足球天赋起初被球探沃利·圣皮尔（发掘过博比·穆尔、吉奥夫·赫斯特、弗兰克·兰帕德等球星）发掘，后来参加西汉姆联队的训练。不过，看来还是重金属摇滚的吸引力更大一些。

大卫·弗罗斯特

电视主持人

1939—2013

20世纪60年代著名的讽刺作家、时事评论员和脱口秀主持人大卫·弗罗斯特为进入剑桥大学深造，曾拒绝过诺丁汉森林队送出的球员合同。弗罗斯特在校队的比赛中8场比赛进8球，被诺丁汉森林的球探看中。

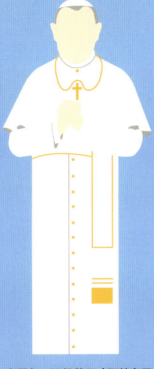

卡罗尔·沃伊蒂瓦（即教皇圣若望·保禄二世）

教皇

1920—2005

卡罗尔早年曾在波兰小镇瓦多维采的学校球队以及克拉科夫的大学球队中担任门将，出色的球技曾给观众留下了很深的印象。后来，他被立为天主教司铎，还当上了第一名波兰籍教皇。

阿尔贝·加缪

作家

1913—1960

结核病终结了法国文学家加缪的足球生涯。加缪曾以《局外人》夺得过诺贝尔奖，但他也曾在阿尔及利亚球队阿尔及尔大学竞技中担任青年队门将。有人问过他更喜欢足球还是戏剧，他回答："足球，毫无疑问。"

亚瑟·柯南·道尔

作家

1859—1930

即使学会福尔摩斯的推理秘诀，你也不会想到，这位大侦探的缔造者曾身着球衣、短裤，在绿茵场上有所发挥。运动员时期的柯南·道尔化名A.C.史密斯，在朴茨茅斯AFC队（并非今天的朴茨茅斯足球俱乐部）司职门将——没错，又是门将。

全球推特关注者最多的英超球队

托社交媒体的福，如今，就算你和你热爱的球队不在同一个城市，不在同一个国家，甚至不在同一个大洲，也一样可以紧追他们的最新消息。有人曾把英超球队的推特关注者在地图上标注了出来，英超球队在全球的关注度高得令人吃惊。而以下四支球队的全球粉丝数，更是冠绝英超。

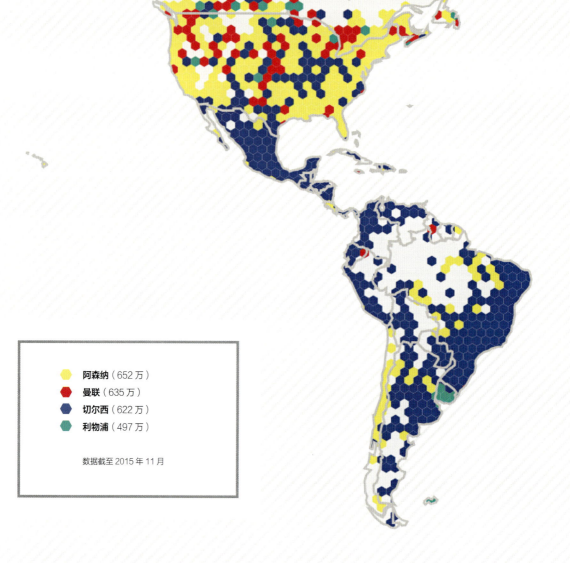

阿森纳（652 万）

曼联（635 万）

切尔西（622 万）

利物浦（497 万）

数据截至 2015 年 11 月

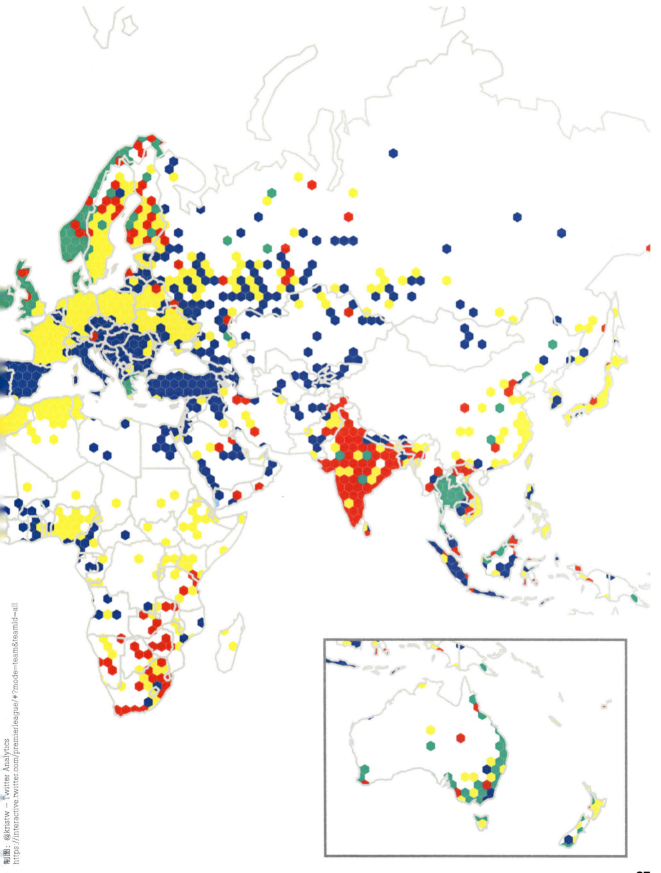

最佳搭档

保罗·麦卡特尼和约翰·列侬、福尔摩斯和华生……他们都是默契无间的最佳搭档，而谈起这样的搭档，你还可以加上哈维和伊涅斯塔、亨利和博格坎普、古利特和范巴斯滕……从古至今，足球就是一种讲究配合的运动，不论是后卫、中场，还是前锋，球场上总会有天造地设的搭档。球迷们都有各自的偶像，但以下这几对搭档的默契配合绝对是公认的。

约翰·内斯肯斯
& 约翰尼斯·克鲁伊夫
阿贾克斯、巴萨，荷兰

不管是在俱乐部还是国家队，没有内斯肯斯把守中场，克鲁伊夫是绝无机会将他的脚下技巧淋漓尽致地发挥出来的。有他们二人的配合，阿贾克斯连续三年问鼎欧冠（1971—1973），荷兰也闯进了1974年的世界杯决赛。

埃米利奥·布特拉格诺
& 乌戈·桑切斯
皇家马德里

他们的私交并不密切，但作为球场上的前锋搭档，"西班牙秃鹫"布特拉格诺和"墨西哥奇迹"乌戈·桑切斯帮助皇马从1985—1986赛季到1989—1990赛季连续5年蝉联西甲冠军。桑切斯在35场比赛中打进38粒进球，布特拉格诺则为皇马出场341场，进123球。

约翰·托沙克
& 凯文·基冈
利物浦

人们将这对一高一矮的进攻组合昵称为"蝙蝠侠与罗宾"，他们的配合发挥为20世纪70年代全盛时期的利物浦创造了新的辉煌。托沙克和基冈仿佛有心灵感应一般互相创造机会，共为利物浦打进196粒进球，帮助球队斩获三次联赛冠军和两次欧联杯冠军。

路德·古利特
& 马尔科·范巴斯滕
AC米兰，荷兰

中场球员古利特和前锋范巴斯滕是20世纪80年代末AC米兰的强力进攻组合。二人合力在1987—1988赛季帮助AC米兰问鼎意甲冠军，又在接下来的两年里两夺欧冠。1988年，这对组合的两粒进球还为荷兰国家队锁定了欧洲杯冠军。

乔治·贝斯特
& 丹尼斯·劳
曼联

贝斯特可能是足球史上最有名的时尚先生，而劳则是纯粹的进球机器——他们的组合是所有主帅梦寐以求的。这对组合为曼联效力

哈维 & 伊涅斯塔
巴萨，西班牙

这两位巴萨的中场核心同时也都是短传渗透战术（Tiki-Taka）的拥趸。2002—2003赛季，他们相聚于巴萨，不过直到2004—2005赛季二人才正式组合，当赛季

11年，大部分时间都同时上场。贝斯特在470场比赛中打进179粒精彩进球，而劳则在404场比赛中打进237粒进球。

费伦茨·普斯卡什
& 阿尔弗雷多·迪·斯蒂法诺
皇家马德里

最伟大的球员？阿根廷球员（后加入西班牙籍）斯蒂法诺在皇马欧冠五连冠的时代（1956—1960）共打进165粒进球。1958年，他和普斯卡什组成了无人可挡的前场组合。不到几个月，二人就在10-1力克拉斯帕尔马斯的比赛上双双完成帽子戏法。普斯卡什共为皇马出场262场比赛，打进242粒进球。

维埃拉则是全能型的中场核心，精力充沛。1998 年世界杯决赛上，维埃拉助攻佩蒂特破门，2000 年欧洲杯，二人帮助法国队问鼎冠军。

劳尔
& 费尔南多·莫伦特斯

皇家马德里，西班牙

皇马出品的默契搭档似乎无穷无尽。1997—2002 年间，劳尔和莫伦特斯共为皇马打进了超过 200 粒进球，为球队带来了两次西甲冠军和 3 次欧冠冠军。这对锋线搭档也是西班牙国家队的主力，分别为国家队出场 102 场和 47 场。

蒂埃里·亨利
& 丹尼斯·博格坎普

阿森纳

再也找不到比他们两人更出色的锋线组合了。亨利和博格坎普是 2003—2004 赛季阿森纳不败夺冠的中坚力量。亨利的履历非常漂亮，他共为阿森纳打进过 228 粒进球，但这一切若没有博格坎普的 94 次完美助攻，也都不会发生。

瑞恩·吉格斯
& 大卫·贝克汉姆

曼联

在这两位的基础上，你可以再加上罗伊·基恩和保罗·斯科尔斯的名字，组成曼联 1999 年三冠王时期的中场四人组。吉格斯在左路突破防守球员的出众能力和贝克汉姆在右路传球破门的完美发挥，成为当时英超赛场上最绚丽的一道风景。

罗伯托·卡洛斯
& 卡福

巴西

防线搭档卡洛斯和卡福重新定义了"边后卫"的角色，给边后卫添上了难得的进攻能力。二人出色的边路突破能力，再加上卡洛斯的一次精准的射门，帮助巴西拿下了 2002 年的世界杯冠军。在国家队，二人在 267 场比赛中并肩作战过。

亚历山德罗·科斯塔库塔
& 保罗·马尔蒂尼

AC 米兰，意大利

科斯塔库塔和马尔蒂尼都是 AC 米兰的忠诚老将，分别为球队出场 458 场和 647 场，直到 41 岁仍在场上挥洒汗水。二人共为球队夺取过 7 次意甲冠军、5 次欧冠冠军。在此期间还共同为意大利国家队出场 185 场。

即获得西甲冠军。至今，这对组合已经帮助球队赢下了 7 座联赛冠军奖杯、4 座欧冠冠军奖杯、两座欧洲超级杯冠军奖杯和两座世俱杯冠军奖杯。国家队方面，两人联手为西班牙赢下了 2010 年世界杯冠军和 2008 年与 2012 年的两届欧洲杯冠军。

鲁迪·沃勒尔
& 尤尔根·克林斯曼

联邦德国

尽管从未在同一家俱乐部中效力，两名德国球员还是在 1990 年世界杯上配合默契，势不可当，在通向决赛的路上，两人都打进 3 球。在二人配合的 198 场国家队比赛上，分别打进了 47 粒进球。

埃曼纽尔·佩蒂特
& 帕特里克·维埃拉

阿森纳，法国

虽然二人只帮助阿森纳赢得过一次联赛冠军（1997—1998 赛季），但两名法国人却都在中场有神勇的发挥。佩蒂特是中场的有力屏障，

世界级的淘汰赛

历史悠久的足球比赛并不仅在欧洲才有，世界各地的球迷既可以为自己大洲的球队喝彩（见右侧首行），也可以支持自己祖国的队伍——一切希望，都是举起那座梦寐以求的冠军奖杯。

亚洲冠军联赛

创立：1967 年

又称"亚洲足球联合会冠军联赛"

参赛队：32 支（小组赛）

夺冠次数最多的球队：

浦项制铁（3 次）

夺冠次数最多的国家：

10 次 韩国

5 次 日本

4 次 沙特阿拉伯

3 次 伊朗

3 次 以色列

非洲冠军联赛

创立：1965 年

又称"非洲足球联合会冠军联赛"

参赛队：69 支（最大限制）

夺冠次数最多的球队：

埃及阿尔阿赫利（8 次）

夺冠次数最多的国家：

14 次 埃及

6 次 刚果（金）

5 次 阿尔及利亚

5 次 摩洛哥

5 次 喀麦隆

美国

职业足球大联盟杯

创立：1996 年

参赛队：12 支（季后赛）

夺冠次数最多的球队：

洛杉矶银河（5 次）

巴西

巴西杯

创立：1989 年

参赛队：87 支（2015）

夺冠次数最多的球队：

格雷米奥、克鲁塞罗（4 次）

阿根廷

阿根廷杯

创立：1969 年

参赛队：227 支

（2015—2016）

夺冠次数最多的球队：

博卡青年（3 次）

智利

智利杯

创立：1958 年

参赛队：32 支（小组赛）

夺冠次数最多的球队：

科洛科洛（10 次）

墨西哥

墨西哥杯

创立：1907 年

参赛队：28 支（小组赛）

夺冠次数最多的球队：

（1943 年职业化至今）

莱昂、墨西哥美洲、

普埃布拉（5 次）

中北美洲及加勒比海冠军联赛

创立：1962 年，简称"中北美冠"

参赛队：24 支（小组赛）

夺冠次数最多的球队：

蓝十字、墨西哥美洲（6 次）

夺冠次数最多的国家：

31 次 墨西哥

6 次 哥斯达黎加

3 次 萨尔瓦多

2 次 苏里南、洪都拉斯、特立尼达和

多巴哥、危地马拉、美国、海地

南美解放者杯

创立：1960 年

参赛队：38 支（小组赛）

夺冠次数最多的球队：

阿根廷独立（7 次）

夺冠次数最多的国家：

24 次 阿根廷

17 次 巴西

8 次 乌拉圭

3 次 巴拉圭

2 次 哥伦比亚

大洋洲冠军联赛

创立：1987 年

又称"大洋洲足球联合会冠军联赛"

参赛队：12 支（小组赛）

夺冠次数最多的球队：奥克兰城（7 次）

夺冠次数最多的国家：

9 次 新西兰

4 次 澳大利亚（已加入亚足联）

1 次 巴布亚新几内亚

埃及

埃及杯

创立：1921 年

参赛队：64 支

夺冠次数最多的球队：

埃及阿尔阿赫利（35 次）

韩国

韩国足协杯

创立：1996 年

参赛队：79 支（2015）

夺冠次数最多的球队：

浦项制铁（4 次）

日本

天皇杯

创立：1921 年

参赛队：88 支

夺冠次数最多的球队：

庆应义塾大学（9 次）

中国

足协杯

创立：1995 年

参赛队：64 支

夺冠次数最多的球队：

山东鲁能泰山（5 次）

澳大利亚

澳洲足总杯

创立：2014 年

参赛队：648 支（2015）

夺冠次数最多的球队：

阿德莱德联、

墨尔本胜利（1 次）

世界杯赛事全纪录

一切始于 1930 年的乌拉圭,一切始于那 13 支来自欧洲、北美洲和南美洲的球队。时至今日,世界杯共举办了 20 届,有人居住的每一片大陆上都会有球队参与进来。以下是 82 个世界杯参赛国的赛事全纪录——这些国家(地区)中,有一些依然与我们为伴,有一些却已经消失在了历史的尘埃中。

 晋级世界杯决赛圈

 世界杯冠军

 东道国

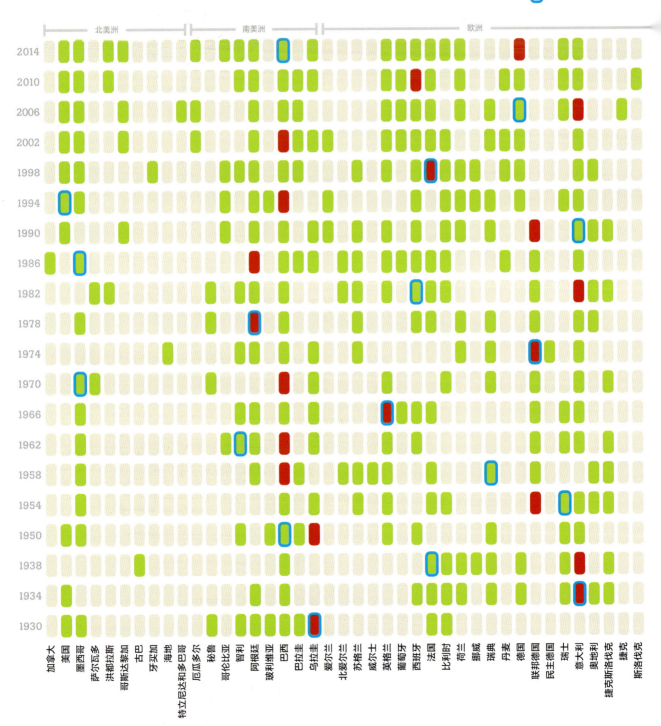

欧洲国家夺冠

4 次 联邦德国 / 德国
4 次 意大利
1 次 英格兰
1 次 法国
1 次 西班牙

南美洲国家夺冠

5 次 巴西
2 次 乌拉圭
2 次 阿根廷

非洲　　　亚洲和大洋洲

2014
2010
2006
2002
1998
1994
1990
1986
1982
1978
1974
1970
1966
1962
1958
1954
1950
1938
1934
1930

波兰　南斯拉夫　克罗地亚　斯洛文尼亚　波黑　塞尔维亚　塞尔维亚和黑山　匈牙利　希腊　乌克兰　罗马尼亚　保加利亚　土耳其　以色列　苏联　俄罗斯　塞内加尔　摩洛哥　科特迪瓦　阿尔及利亚　突尼斯　加纳　多哥　尼日利亚　喀麦隆　扎伊尔　安哥拉　南非　埃及　沙特阿拉伯　伊拉克　科威特　伊朗　阿联酋　中国　韩国　朝鲜　日本　荷属东印度群岛　澳大利亚　新西兰

73

世界杯比赛决赛中哪种阵型赢下的场次最多？

足球阵型的流行趋势多变，某种阵型流行一阵就会过时，过段时间又会重新流行开来。
在近 20 届世界杯比赛决赛中，共出现过以下 12 种阵型。要是你还拿不定主意，那就
试试 4—2—4 吧，这种阵型赢下的决赛场次最多。

2-3-5

乌拉圭 1930，意大利 1934、1938

4-3-3

乌拉圭 1950，巴西 1962，德国 2014

3-2-2-3

联邦德国 1954

4-3-2-1

法国 1998

4-4-2

英格兰 1966，巴西 1994

5-2-3

意大利 1982

3-5-2
阿根廷 1986

5-3-2
联邦德国 1990

4-4-1-1
意大利 2006

4-2-3-1
西班牙 2010

4-2-4
巴西 1958、1970，联邦德国 1974，阿根廷 1978

3-4-3
巴西 2002

数说英超

1992—1993 赛季，英格兰足球甲级联赛正式升级为英格兰足球超级联赛，成为英格兰新的顶级足球联赛。如今，英超已经坐稳了全球最富有、观众人数最多的联赛称号，电视观众多达 47 亿人。每个赛季，超过全世界 60% 人口的英超球迷都在关心这 20 支球队在 38 场比赛中的角逐。

103
英超单赛季最高
进球数——切尔西，
2009—2010 赛季。
曼城在 2013—2014 赛季
共打进 102 球

310
英超球员最多连续
出场场数——
布拉德·弗里德尔，
2004.08—2012.10

95
英超单赛季
最高积分——切尔西，
2004—2005 赛季

1
英超单赛季最低
获胜场数——德比郡，
2007—2008 赛季。
他们同时也创下了
单赛季最低积分
纪录——11 分

9−0
英超单场最悬殊比分——
曼联 v 伊普斯维奇，1995

65%
阿历克斯·弗格森爵士执教时代
曼联的胜率——比赛 808 场，胜 527 场，输 114 场

6.43 亿
收看英超比赛的家庭数量

**16 岁
零 65 天**
英超最年轻球员的年龄——
马修·布里格斯，
富勒姆，2007

260
阿兰·希勒的联赛进球数——
英超射手榜第一名。完成此项纪录，
希勒共出场 434 场比赛

9.7 秒
英超最快进球——莱德利·金，托特纳姆
热刺 v 布拉特福德，2000 年 12 月

6
夺得过英超冠军的球队数：
曼联 **13** 次
切尔西 **4** 次
阿森纳 **3** 次
曼城 **2** 次
布莱克本 **1** 次
莱斯特城 **1** 次

2 分 56 秒
英超最快帽子戏法——萨迪奥·马内，南安普顿 v 阿斯顿维拉，2015 年 5 月

632
瑞恩·吉格斯的英超出场场数——
吉格斯终身效力曼联

0
没有英格兰籍
主帅率队赢得过
英超冠军

数说德甲

1963 年，16 支球队组成了德甲联赛（Bundesliga），科隆当上了这个全新联赛的第一届冠军。"Bundesliga"一词本意为"联邦联赛"。时至今日，德国顶级足球联赛——德甲联赛已经扩充到 18 支球队，有着所有足球联赛中最高的平均上座率。

8
主帅乌多·拉特克的夺冠次数：拜仁慕尼黑（1971—1972、1972—1973、1973—1974、1984—1985、1985—1986、1986—1987），门兴格拉德巴赫（1975—1976、1976—1977）

16 岁零 335 天
德甲最年轻的球员——努里·沙欣，多特蒙德，2005。同时他也是德甲最年轻的进球球员

832
奥托·雷哈格尔执教过的比赛场数，其中包括在云达不莱梅的 14 年时间（1981—1995）

12-0
德甲单场最悬殊比分——门兴格拉德巴赫 v 多特蒙德，1978 年 4 月 29 日

0
没有来自原东德或柏林的球队夺得过德甲冠军

365
盖德·穆勒的联赛进球数——德甲射手榜第一名。盖德·穆勒的所有德甲进球均于 1964—1979 年间为拜仁慕尼黑打进

442
约瑟夫·塞普·迈耶为拜仁慕尼黑连续出场的场数——从 1966 年 8 月至 1979 年 6 月

43500
2014—2015 赛季德甲比赛的平均上座人数——世界最高

204
门将奥利弗·卡恩不丢球的比赛场数——卡恩共为卡尔斯鲁厄和拜仁慕尼黑出场 557 场，夺得过 8 次德甲冠军

602
卡尔－海因茨·科贝尔创造的德甲出场数纪录——1972—1991 年间效力法兰克福

25
德甲 53 个赛季的历史上拜仁慕尼黑队的夺冠次数。
其余的夺冠球队包括：
多特蒙德、门兴格拉德巴赫：**5** 次
云达不莱梅：**4** 次
汉堡、斯图加特：**3** 次
科隆、凯泽斯劳滕：**2** 次
慕尼黑 1860、不伦瑞克、纽伦堡、沃尔夫斯堡：**1** 次

80667
多特蒙德的主场西格纳尔·伊杜纳公园球场的球场容量——是德国最大的球场

最伟大的中场大师

每支伟大的球队都会有那么一个核心。他视野开阔、能力出众，还兼有很强的领导力，能将全队指挥得如管弦乐团般井井有条。这样的球员不仅可以穿针引线、献上妙传、帮助球队赢下比赛，更有实力单刀赴会、完成完美的个人表演。为这些中场大师叫好吧！

博比·查尔顿
在役年份：1956—1976

博比·查尔顿虽然发型奇特，但脚下功夫却相当了得。他可以终日在球场上奔跑，为曼联和英格兰国家队奉献过无数无与伦比的妙传与精彩绝伦的进球。查尔顿为国家队打进的 49 粒进球中，有 3 粒产生于 1966 年世界杯的征程中并帮助英格兰夺得了冠军。

哈维
在役年份：1998—

很少有足球运动员有哈维这般灵光的大脑。他是西班牙国家队和巴萨不可缺少的一员，帮助祖国赢得过一座大力神杯和两座欧洲杯冠军奖杯，帮助巴萨八次问鼎西甲冠军，四夺欧冠。他精准的传球和高效的助攻都无人可比。

约翰尼斯·克鲁伊夫
在役年份：1964—1984

"克鲁伊夫转身"以他的名字命名，克鲁伊夫也成了少数有技术动作以自己的名字命名的球员之一。他将极致的优雅与技术带到了阿贾克斯、巴萨和荷兰国家队，同时也对革命性的"全攻全守"战术的发明做出了贡献。

米歇尔·普拉蒂尼
在役年份：1972—1987

普拉蒂尼是曾连续三年蝉联金球奖的球员（1983—1985），也是法国国家队当之无愧的中场核心——1984 年，他帮助球队夺得欧洲杯冠军。普拉蒂尼双脚技巧都很出众，并将技术与视野、意识有机地结合了起来。

迭戈·马拉多纳
在役年份：1976—1997

马拉多纳身高仅有 1.65 米，可他力壮如牛，脚下盘带的细活也细腻异常。小个子的阿根廷球王天赋极高，同时也是国家队队长，拥有很强的号召力，带领球队赢下过 1986 年的世界杯冠军。

济科
在役年份：1971—1994

虽然从未夺得过世界杯，但济科依然是足坛最优秀的球员之一。他为巴西队带来了手术刀般的传球、完美的战术配合和精彩绝伦的进球，在 71 场比赛中打进过 48 球。

米歇尔·劳德鲁普

在役年份：1981—1998

能在四家传奇球队（尤文图斯、巴萨、皇马、阿贾克斯）效力的中场球员绝非庸才——劳德鲁普是最成功的球员之一，以高超的盘带技巧闻名，仅用对手防守球员一眨眼的瞬间，他就能将皮球在双脚间自由转换。

齐内丁·齐达内

在役年份：1989—2006，戛纳、波尔多、尤文图斯、皇家马德里、法国国家队

三夺世界足球先生称号的齐达内不但双脚能力均衡，制空力也非同一般。在1998年对阵巴西的世界杯决赛上，齐达内头球"梅开二度"，发挥神勇。在所有中场球员中，齐达内速度算不上最快，但他的视野、平衡和脚法控制均属顶级。

弗兰克·里杰卡尔德

在役年份：1980—1995

里杰卡尔德是足坛最出色的防守型中场球员之一，曾帮助荷兰国家队赢下过队史上的一次重要荣誉——1988年欧洲杯冠军。里杰卡尔德几近全能——防守坚如磐石、带球行云流水，头球和脚法同样厉害，关键时刻还有"临门一脚"。

贝利

在役年份：1956—1977

他到底是前锋还是中场？或许贝利两者皆精。在巴西国家队，贝利在91场比赛中打进77球，进球效率惊人。再没有其他球员能如"球王"一般，将力量、平衡、控球技巧、盘带技术、射门功夫完美结合。贝利曾在1958年、1962年和1970年三次问鼎世界杯冠军，同样无人能出其右。

充满创意的昵称

通常情况下，一名球员不会只有一个大名——球迷和媒体记者们总会为他们想出各种各样、褒贬不一的昵称。有时，这些昵称起得非常直白。公平也好，不公平也罢，这些昵称就像胶水，永远紧紧地跟随球员。看看下面这些充满创意的昵称吧！

第五披头士
乔治·贝斯特

帅气、有型的乔治·贝斯特和披头士乐队的四名成员共同引领了 20 世纪 60 年代的潮流。自然而然地，这名北爱尔兰球星也就成了球迷想象中的另一名"披头士"。

戴夫
吉莱恩·恩杜姆布 - 尼辛古

刚果前锋尼辛古的名字对球迷来说有些拗口，还是一个单音节的昵称叫起来比较方便。

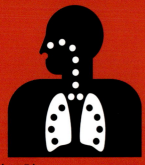

朴三肺
朴智星

在朴智星的曼联队友看来，这名韩国中场有着用之不竭的精力，似乎比队友都多长了一个肺。

无线拉姆
菲利普·拉姆

又名"魔法小矮人"。前德国队长拉姆以其无处不在的个人表现赢得了这个昵称。

奔腾少校
费伦茨·普斯卡什

伟大的前锋普斯卡什可以轻松"奔腾"，过掉后卫，而"少校"的称号则来源于他加盟皇马之前的日子，那时，普斯卡什效力于匈牙利军队控制的球队布达佩斯捍卫者。

毕尔巴鄂屠夫
安东尼·戈伊科切亚

千万别和他拼抢——问问马拉多纳吧。1983 年，他的踝关节韧带就被这名毕尔巴鄂屠夫踢断了。

灾星詹姆斯
大卫·詹姆斯

"灾星詹姆斯"是"灾星杰恩"（19 世纪美国的一位女牛仔）的翻版，这个昵称源于詹姆斯的一些非常惊人的低级失误。准确地说，他在 572 场英超比赛中，共有 169 场不失球的记录。

圭纳尔多
达切维尔

法属圭亚那前锋达切维尔热爱快餐，有时会被人拿来和偶尔发胖的罗纳尔多比较。

小跳蚤
里奥内尔·梅西

梅西身形小巧，但在球场四处都能见到他的身影，让防守他的球员束手无策——这个昵称简单直白，却名副其实。

疯子
斯图尔特·皮尔斯

面对作风硬朗、斗志高昂的英格兰左后卫皮尔斯，光想想就会让对手感到畏惧——非常畏惧。

衣柜
帕帕·博巴·迪奥普

前塞内加尔中场身体壮硕，就像——你一定猜到了——一座衣柜一样。

盲眼威尼斯人

马西莫·泰比

这个昵称可能有点儿尖刻，但用来评价意大利门将泰比在曼联那令人失望的一赛季也算名副其实了。

阿昆

塞尔吉奥·阿奎罗

阿根廷球星阿奎罗的球衣上都印着"昆·阿奎罗（Kun Agüero）"的名字——这还要感谢他的兄弟们，他们认为小阿奎罗长得很像日本动漫《大顽皮库姆库姆》中的洞穴人"库姆库姆"（Kum Kum）。

神圣的马尾辫

罗伯托·巴乔

没错，巴乔的确留了个马尾辫，而且，他脚下的技术以及虔诚的佛教信仰，也可谓神圣。

混乱邓肯

邓肯·弗格森

这个贴切的昵称要归功于大块头的苏格兰前锋邓肯的四次伤人指控。

不会飞的荷兰人

丹尼斯·博格坎普

球技无可匹敌，但荷兰人博格坎普的恐飞症实在太吸引球迷花心思为他起昵称了。

奥兹国巫师

哈里·科威尔

一个脚下有妙招的澳大利亚边锋——你还能叫他什么呢？

浩克

吉万尼尔多·维埃拉·德·索萨

的确，他又高又壮，不过这名巴西前锋与演员卢·费里诺的长相惊人相似，才是他赢得这个昵称的真正原因——卢·费里诺在绿巨人系列的第一部电视剧《不可思议的浩克》中饰演"绿巨人"浩克的角色。

雪花

罗纳德·科曼

高大魁梧的荷兰后卫（现为教练）似乎和这个昵称不太相称，不过在巴萨效力时期的科曼满头金发，总被人比作巴塞罗那动物园中的一只白化大猩猩"雪花"。

娃娃脸杀手

奥莱·索尔斯克亚

噢，他的娃娃脸太可爱了！但如此外表之下的挪威射手索尔斯克亚却足以利用极具威胁的射门击败每一个对手。

病假条

达伦·安德顿

英格兰中场安德顿的职业生涯伤病不断，曾接受过不下五次疝气手术，因而赢得了这个最为残忍的昵称。

凯撒大帝

弗朗茨·贝肯鲍尔

联邦德国国家队队长、世界杯传奇、光芒万丈而值得尊敬的球星——就像一位皇帝，真的。

魔法师伊布

兹拉坦·伊布拉希莫维奇

瑞典射手伊布拉希莫维奇脚下有球之时就好似化作魔法师，而魔法师都会说："Abracadabra!" —— 而球迷就给伊布拉希莫维奇起了个昵称叫"Ibracadabia"！

执教时间最长和最短的教练

高薪？的确。高压？当然也少不了。执教一支球队并不简单，而拿走高薪、承受高压更是大球队对教练的要求。入主大球队的主帅连一个赛季的磨合期都是奢望。这些人中，只有特殊的极少数能熬出头，最终为人们津津乐道。看看以下这些主帅与球队的"闪电离婚"与"白头偕老"吧！

迅速下课

2004
路易吉·德尔内里
0 场比赛，36 天
波尔图

在带领意乙球队切沃升级意甲后，德尔内里来到波尔图，接过了穆里尼奥手中的教鞭，可他还没等新赛季开始就被解雇了——据说是因为他不够守时。德尔内里还曾在1998 年执教恩波利，也还没等赛季开始就匆匆离开了。

1974
布莱恩·克拉夫
8 场比赛，44 天
利兹联

克拉夫曾带领德比郡统领英格兰甲级联赛，但在转投利兹联后却与多名球员不和，包括约翰尼·吉尔斯、比利·布莱姆纳等人。克拉夫带队的前 6 场联赛中有 3 场失利，之后没多久他便宣告离职，但随之而来的却是他职业生涯的又一个高峰。

2009
约尔格·贝尔格
1 场比赛，5 天
比勒费尔德

曾执教过法兰克福和沙尔克 04 的贝尔格在 2008—2009 赛季德甲最后一场比赛前"救火加盟"比勒费尔德，但球队还是 2-2 战平汉诺威 96，最终积分榜垫底，不幸降级。赛季结束后，贝尔格也离开了比勒费尔德。

2011
塞尔塞·科斯米
4 场比赛，34 天
巴勒莫

虽然赢下了劲旅 AC 米兰，可科斯米执教意甲球队巴勒莫期间还是先后输了 3 场，其中还包括一场不可原谅的 4-0 惨败，对手是同在西西里岛上的球队卡塔尼亚。

2007
勒鲁瓦·罗塞尼尔
0 场比赛，10 分钟
托基联

罗塞尼尔曾于 2002—2006 年执教托基联。2007 年，从英乙降级的托基联再次找到他，可还没等官方宣布新主帅上任，球队就经历了管理层换血，罗塞尼尔也又一次被解雇了。

1978
乔克·斯坦
10 场比赛，44 天
利兹联

巧合的是，斯坦在利兹联的执教时间和克拉夫的一样长，但这位前凯尔特人主帅的执教水平却广受认可，从利兹联离开就紧接着被苏格兰国家队聘用。在利兹联，他的 10 场比赛赢下了 4 场。

长久执教

20
（20年，还在继续）

阿尔赛纳·温格
阿森纳
1996—

1996年，从日本球队名古屋鲸八离任的温格或许还名不见经传，可如今他已经成了英超豪门阿森纳执教时间最长也是最成功的主帅。他为球队捧回了3座英超冠军奖杯和6座足总杯冠军奖杯。

44
（44年——世界纪录）

居伊·鲁
欧塞尔
1961—2005

1961年，欧塞尔还是个默默无闻的第三级别联赛球队，但居伊·鲁接掌球队后，欧塞尔一路升为法甲冠军，还曾四夺法国杯。居伊·鲁的球员时代也曾效力欧塞尔（1952—1961），执教后，他带出了埃里克·坎通纳、洛朗·布兰克、巴西勒·波利等名将。

25
（25年）

马特·巴斯比
曼联
1945—1969，1970—1971

1958年的慕尼黑空难中，巴斯比爵士的7名爱将逝世。主持完临终祈祷后，巴斯比继续领导曼联，并于10年后的1968年问鼎欧冠。主帅生涯中，他还为曼联夺得过5次顶级联赛冠军。另一名苏格兰主帅阿历克斯·弗格森执教曼联的时长比巴斯比还多两年（1986—2013）。

30
（30年，还在继续）

罗尼·麦克福尔
波塔当
1986—

麦克福尔是现任欧洲球队主帅中执教时间最长的一位，他为波塔当带来了4座北爱超冠军奖杯和3座爱尔兰杯冠军奖杯。在此之前，他还曾执教自己球员时代效力过4年的球队格伦托兰。

14
（14年）

托马斯·沙夫
云达不莱梅
1999—2013

沙夫对一支球队保持着绝对忠诚——他在球员时代为云达不莱梅效力17年（1978—1995）后接过了预备队的教鞭，接着又开始掌管一线队。2003—2004赛季，球队赢得了德甲联赛和德国杯的双料冠军。

国家队之宝

詹保罗·马萨
圣马力诺
1998—2013（15年）

执教的83场比赛中仅有1场胜利、3场平局——胜率1.2%

海尔穆特·绍恩
联邦德国
1964—1978（14年）

执教过的世界杯比赛场次最多——25场
取胜的世界杯比赛场次最多——16场

沃特·温特伯顿
英格兰
1946—1962（16年）

执教的139场比赛中有78场胜利、33场平局——胜率56.1%

梅西和C罗谁更强？

分别为巴萨和皇马两队效力的球星梅西和克里斯蒂亚诺·罗纳尔多（C罗）被公认为当今足坛的"绝代双骄"，各自的东家也是最顶级的两支球队。自从C罗2009年加盟西甲，与梅西正面交锋后，两人的对比就一直被球迷津津乐道。到底谁更强呢？看看这些数据吧！以下数据横跨自2009—2010赛季初至2014年12月的5年，可以看出，他们二人实在难分高下。

共计
259
进球

239
出场

10
头球进球

219 粒进球
来自禁区内射门

40 粒进球
来自禁区外射门

32 粒点球
射中

13 粒任意球
破门

巴萨

10.4%

73.8% 15.8%

梅西首发

- 🟢 胜率
- 🟠 平率
- 🔵 败率

惊人事实

2000年12月，巴萨签下了当时只有13岁的传奇小将里奥内尔·梅西。双方的合同是签在一张餐巾纸上的——那是当时他们手边唯一的纸张。如今，这张餐巾纸已经成为足球史上最珍贵的文件资料之一。

42
右脚进球

207
左脚进球

共计
256
进球
234
出场

214 粒进球
来自禁区内射门

42 粒进球
来自禁区外射门

49 粒点球
射中

23 粒任意球
破门

惊人事实
C 罗的任意球球速高达
130km/h，他惊人的头球
能力与他超强的弹跳力密
不可分。原地起跳时，C
罗的弹跳高度可达 44 厘
米，爆发出的力量高达自
身重力的 5 倍，相当于 5
头猎豹起跑时的发力。

29
头球进球

皇家马德里

9.8%
76.9% **13.3%**
C 罗首发

● 胜率
● 平率
● 败率

1
其他进球

182
右脚进球

44
左脚进球

最著名的"无冕之王"

1954 年，费伦茨·普斯卡什与匈牙利国家队；1974 年，约翰尼斯·克鲁伊夫与荷兰国家队——两位队长都是明星，两支球队都是豪门，他们都是球迷心中的世界杯夺冠热门。然而他们的表现却先后出乎人们的意料，双双败给了简练高效的德国队。

主教练：
古斯塔夫·西贝斯

1 久拉·格罗希奇

2 耶诺·布赞斯基

3 久拉·洛兰特

4 米哈利·兰托什

5 约瑟夫·博希克

6 约瑟夫·扎卡里亚斯

11 佐尔坦·齐伯尔

9 南多尔·希代古提

20 米哈利·托特

8 桑多尔·柯奇什

10 费伦茨·普斯卡什（队长）

匈牙利国家队，世界杯决赛，1954 年 7 月 4 日，万克多夫球场，伯尔尼

当年世界杯前，匈牙利"黄金之队"曾创下连续 4 年、36 场不败的战绩。那 4 年里，匈牙利队赢下了 1952 年奥运会金牌，还利用 6-3、7-1 两场大胜大挫英格兰人的士气。世界杯半决赛中，他们遭遇了同样英勇的乌拉圭队，匈牙利队在 120 分钟的缠斗后脱颖而出。决赛场上，匈牙利人似乎还没有从之前的鏖战中恢复回来，最终被联邦德国队抓住防守的空当。德国人利用对方射手普斯卡什身体不佳和天降小雨场地湿滑的优势，以 3-2 的最终比分夺走了"黄金之队"的奖杯。

8
扬·荣格布罗德

20
维姆·苏比耶尔

17
维姆·里杰斯贝根

2
阿里·汉

12
路德·克洛尔

6
维姆·扬森

13
约翰·内斯肯斯

3
威廉·范哈内亨

16
约翰·雷普

14
约翰尼斯·克鲁伊夫（队长）

15
罗伯特·伦森布林克

荷兰国家队，世界杯决赛，1974 年 7 月 7 日，奥林匹克体育场，慕尼黑

里努斯·米歇尔斯入主荷兰国家队仅 4 个月的时间，就已将自己"全攻全守"的战术理念植入球队。米歇尔斯执教阿贾克斯和巴萨期间，技术、意识俱佳的荷兰队长克鲁伊夫也一直都在他的麾下。克鲁伊夫在球场上的发挥流畅明快、令人目眩，但在对上传统强队、1972 年欧洲冠军得主联邦德国队的时候，还是 1-2 不敌对手。

最"瞎眼"的判罚

谁愿意当裁判呢？整整90分钟比赛时间里，你要被球员和观众辱骂，你在眨眼间做出的每个决定都会被记录在案，供人分析，准确的判罚会被人遗忘，唯有那些误判会被人当成永远的谈资。这项工作吃力不讨好，还是多多同情那些犯过错误的裁判吧。

恶魔门将

查尔斯·科威尔 荷兰
联邦德国 3-3 法国
（点球决胜 5-4）
1982 年世界杯半决赛

下半场开场 10 分钟，法国中场米歇尔·普拉蒂尼的传球找到队友帕特里克·巴蒂斯通。巴蒂斯通随后出击，却被联邦德国队守门员哈拉尔德·舒马赫粗野地放倒在地。舒马赫的一记重击打落了对手数颗门牙，致其椎骨受伤，当场休克。但当值主裁判没有对舒马赫做出任何判罚，连黄牌也没有出示。舒马赫最后在点球决胜中扑出了法国队的点球，将德国队送进了决赛。

幽灵进球

汉斯－约阿希姆·奥斯莫斯 德国
拜仁慕尼黑 2-1 纽伦堡
1994 年德甲联赛

这是赛季末的最后一场比赛，纽伦堡还在为保级而战。比分还是 0-0 时，拜仁得到角球，拜仁后卫托马斯·赫尔默在远侧门柱前进行拼抢。令人吃惊的是，边裁此时判定皮球已经进入球门范围，并示意主裁判宣判进球有效。在比赛余下的时间里，纽伦堡又错失一粒点球，最终拜仁 2-1 取得胜利。赛后，纽伦堡提起上诉，两队重赛，但拜仁再次 5-0 取胜，纽伦堡不幸降级。

三黄变一红

格拉汉姆·波尔 英格兰
克罗地亚 2-2 澳大利亚
2006 年世界杯小组赛

比赛中，克罗地亚左后卫约西普·西穆尼奇在已经身负一张黄牌的情况下再次犯规并吃到黄牌，可当值主裁判波尔并未将其罚下。直到后来西穆尼奇与波尔发生冲突，波尔第三次向其出示黄牌后，才终于掏出红牌将他罚下。

甜蜜的复仇

乔治·拉里昂达 乌拉圭
英格兰 1-4 德国
2010 年世界杯 1/8 决赛

那是在比分 2-1 的时候，英格兰刚刚扳回一城。弗兰克·兰帕德射门，皮球击中横梁，触地弹起后很明显越过了球门线——但当值主裁判并不这么认为。对德国球迷来说，这次误判正是对英格兰的复仇。1966 年世界杯决赛上，乔夫·赫斯特的一粒有争议的进球断送了德国的冠军梦。

墨西哥主场哨

阿里·侯赛因·砍迪尔　埃及

墨西哥 4-0 萨尔瓦多

1970 年世界杯小组赛

比赛上半场即将结束前，首次参与世界杯的萨尔瓦多球员们认为他们获得了一次任意球机会——或许是界外球？正在举棋不定的时候，墨西哥球员竟然自己拿球，着急地开起了任意球，而裁判砍迪尔也没有吹停比赛，最终墨西哥人完成了破门。萨尔瓦多球员最后拒绝在中圈开球，裁判干脆提早吹停了比赛。

比武大会

霍华德·韦伯　英格兰

西班牙 1-0 荷兰

2010 年世界杯决赛

这是世界杯史上最"脏"的决赛，主裁判韦伯共出示了 14 张黄牌。但当尼格尔·德容"施展武艺"，一脚踢在西班牙中场哈维·阿隆索胸口上时，本该直接被红牌罚下的德容却只得到了一张黄牌。直到比赛第 110 分钟，韦伯才罚下一名犯规球员——荷兰球员约翰·海廷加。

身份乌龙

安德烈·马里纳　英格兰

切尔西 6-0 阿森纳

2014 年英超联赛

比赛中，切尔西射手埃登·阿扎尔的一记射门被对手以花哨的动作拦了下来——而此次飞身解围的并非阿森纳的门将，而是右边前卫亚历克斯·张伯伦。这次明显的手球犯规应当判罚红牌加点球，但结果如何呢？当值主裁判马里纳错把基兰·吉布斯当成张伯伦，并对其出示了红牌。真应了那句："裁判，你瞎了吧？"

只有裁判知道……

科曼·库利巴利　马里

美国 2-2 斯洛文尼亚

2010 年世界杯小组赛

整场比赛的最后 5 分钟，美国队利用任意球机会将皮球开进禁区。双方的一阵混乱之中，美国球员莫里斯·埃杜抓住机会，劲射破门。紧接着，主裁判库利巴利哨声响起，判定进球无效。埃杜越位了吗？没有。裁判没有看到对方球员在禁区的犯规动

作？显然没看到。赛后，库利巴利没有做出解释，也没有再吹罚过世界杯比赛。

雪藏红牌

卡尔-约瑟夫·阿森马赫尔　德国

荷兰 2-0 英格兰

1993 年世界杯预选赛

比分 0-0 僵持的阶段，英格兰中场大卫·普拉特抓住对手的防守空位，得到单刀机会，不料对手后卫罗纳德·科曼直接闯入禁区右角将其放倒，而当值主裁判阿森马赫尔既没判点球也没掏出红牌——只判给英格兰队一次任意球并对科曼黄牌警告。雪上加霜的是，科曼随后便利用一粒任意球直接破门，将比分改写为 1-0。国际足联当即取消了阿森马赫尔吹罚下一场世界杯比赛的资格，他之后也再没有裁判过任何国际比赛。

裁判，你喝醉了？

谢尔盖·肖莫利科　白俄罗斯

维特伯斯克 1-1 南夫塔

2008 年白俄超联赛

43 岁的肖莫利科 2007 年曾被评为白俄罗斯最佳裁判，但本次比赛似乎有点儿不对劲。他死死站在中圈里不跑动，不出示红、黄牌，还打出奇怪的手势。最终，肖莫利科被人护送下场，下场时还不断向观众挥手致意。肖莫利科声称自己当时背伤复发，而检测数据则证明他血液内的酒精含量超标——这一切都源于他赛前狂饮的伏特加。停赛的处罚很快就到来了。

假摔技术最好的"影帝"

有时候，足球球员摔倒在地也是很必要的——或是为了赢得任意球或点球机会，或是为了让对手陷入麻烦。而以下这些球员，他们已经将倒地上升到艺术的层面，融合了演技、杂耍，呈现效果或精彩纷呈，或搞笑滑稽。赶快坐好，为这 11 位"影帝"鼓掌叫好吧。

神级跳水

尤尔根·克林斯曼　*德国*
联邦德国 v 阿根廷
1990 年世界杯决赛，罗马

克林斯曼在一次右路突破中，被对方后卫佩德罗·蒙松"侵犯"。克林斯曼旋即"鲤鱼打挺"一般弹起身子，然后倒在地上，仿佛在球场上上演了一出芭蕾舞《天鹅之死》。赛后，克林斯曼表示："他要是没碰到我，我身上这 15 厘米的伤口是哪儿来的？"

结果 蒙松吃到红牌，联邦德国最终夺得世界杯冠军

诈伤闹剧

保罗·阿尔科克　*英格兰，裁判*
谢周三 v 阿森纳
1998 年英超联赛

保罗·迪卡尼奥因与阿森纳球员马丁·基翁发生冲突而被当值主裁判阿尔科克红牌罚下。不料迪卡尼奥恼羞成怒，对着裁判的胸部推了一下。阿尔科克随即向后跟跄了好一段，摔倒在地——摔倒的动作就连奥斯卡影帝巴斯特·基顿也要自愧不如。

结果 迪卡尼奥禁赛 11 场，罚款 10000 英镑

奥斯卡得主

克里斯蒂亚诺·罗纳尔多　*葡萄牙*
皇家马德里 v AC 米兰
2010 年欧冠

在一次边线处的小小摩擦中，米兰球员伊尼亚齐奥·阿巴特的手只是轻轻擦过 C 罗的面部，结果 C 罗就献上了一场奥斯卡级别的表演——他紧紧捂住自己的脸，摔倒在地，痛苦地滚了几圈，张开手看了看裁判，然后又滚了几圈。米兰后腰格纳罗·加图索在整个过程中，还一直恪尽职守地盯防着 C 罗。

结果 大闹一场，裁判没有出牌

内马尔

巴西

跳水神童？

内马尔·达·席尔瓦才华横溢，是巴西国家队和巴萨队内的金童，但他同时也因为在比赛中频繁"跳水"而出名。正如 2014 年法比奥·卡佩罗所言："内马尔是个出色的射手，但我讨厌他那种级别的球员，每次还都会一碰就倒。"不过，自从 2014 年内马尔当上巴西国家队队长后，似乎就变得"正直"起来了。

角球表演

里瓦尔多　巴西
巴西 v 土耳其
2002 年世界杯小组赛，韩国蔚山

里瓦尔多走向角旗区正准备开出角球时，土耳其球员哈坎·云萨尔将球踢向了他。不料被皮球轻轻击中膝盖的里瓦尔多竟然痛苦倒地，双手紧紧捂在脸上。

结果 云萨尔被红牌罚下，不过里瓦尔多赛后因假摔被罚超过 5000 英镑

报仇雪恨

迭戈·西蒙尼　阿根廷
阿根廷 v 英格兰
1998 年世界杯 1/4 决赛

比赛中，西蒙尼从背后推倒英格兰球员贝克汉姆，后者倒地后随即报复性地用脚勾向西蒙尼的大腿——愚蠢的行为，还就在裁判的眼皮底下。可没想到西蒙尼竟然夸张倒地，直接导致贝克汉姆被罚下场。

结果 贝克汉姆吃到红牌，并被罚数月停赛；西蒙尼吃到黄牌，留下了个坏名声

拙劣演技

布莱恩·卡拉斯科　智利
智利 v 厄瓜多尔，2011 年南美 U20 青锦赛

在贴身盯防厄瓜多尔球员埃德森·蒙塔尼奥的过程中，卡拉斯科忽然从身后抓起蒙塔尼奥的胳膊，狠狠地打向自己的脸，随后便应声倒地，仿佛刚刚遭遇重击。

结果 裁判判给智利队一次任意球机会——太不公平了，对智利队来说

脚下拌蒜

阿图罗·比达尔　智利
尤文图斯 v 皇家马德里
2013 年欧冠

比达尔带球突入皇马禁区，正准备起脚射门之时，却不料自己抬脚打偏，踢中草皮，华丽摔倒。他随即扭头向裁判申诉，追要点球。

结果 这是对裁判智商和视力的双重侮辱——当然不会判罚点球

迷之窥视

迪迪埃·德罗巴　科特迪瓦
切尔西 v 那不勒斯
2012 年欧联杯

德罗巴贴身紧逼进攻中的那不勒斯球员萨尔瓦托雷·阿罗尼卡之时，突然捂着面部夸张倒地，仿佛吃了对手一记肘击——而比赛录像则证明双方并无肢体冲突。就在德罗巴躺在地上的时候，一台摄像机还抓住了他张开手指窥视裁判判罚的画面。

结果 阿罗尼卡并未吃牌，但他很快就被换下，切尔西最终赢得了胜利

正面冲突

诺伯特·迈尔　德国，主教练
阿尔伯特·施特赖特　德国
杜伊斯堡 v 科隆
2005 年德甲联赛

施特赖特在比赛中将一名杜伊斯堡球员推出球场，不料对方主帅迈尔竟然在边线处和他"顶牛"对峙起来。忽然，迈尔向后一倒，仿佛头部受到重击。施特赖特见状也向后倒去，随即便发生了骚乱。不过，通过仔细观察，还是很容易看出，是迈尔主导了这场小小的闹剧。

结果 施特赖特被罚下场，不过一切行为都被摄像机记录了下来的主帅迈尔则被俱乐部解职，并被罚禁赛三个月

故弄玄虚

阿尔杰·罗本　荷兰
荷兰 v 墨西哥
2014 年世界杯 1/8 决赛

罗本向来以经常"跳水"出名，而他将自己最经典的表演留在了世界杯的关键时刻。罗本在与墨西哥队长拉法埃尔·马克斯仅有极轻微的身体接触的情况下突然夸张倒地，导致裁判判给荷兰队一粒点球。赛后，罗本坦承自己假摔的事实。

结果 马克斯吃到黄牌，荷兰抓住了点球机会，晋级 1/4 决赛

足球战靴的进化

球鞋是足球运动员最重要的装备之一，它的作用一如既往，从未改变——提供抓地力、保护双脚、向皮球传递动力。但球鞋本身也一直在进化，融入了各种新技术，承载着球员对更出色表现的渴望。

20 世纪初—20 世纪 40 年代

直到"二战"结束，足球鞋一直保持着高鞋帮、厚皮革、长鞋带的固定设计。一些驰名至今的品牌也创立于这一时期，如英格兰的 Gola（1905）和丹麦的 Hummel（1923）。战后，南美球鞋更加轻便、灵活的风格渐渐进入了人们的视线。

19 世纪 90 年代

1891 年，足球规则做出修订，允许球鞋装配鞋钉和外底，但规定球鞋须为皮质。依据场地条件的不同，球员们还可以拥有数双鞋钉长度不同的球鞋。

20 世纪 50 年代—20 世纪 60 年代
阿迪达斯"阿根廷" ADIDAS ARGENTINA

赫尔穆特·拉恩

装备旋转嵌入式鞋钉的球鞋帮助德国队和射手赫尔穆特·拉恩一举夺下 1954 年世界杯。在当天湿滑、浸水的场地上，德国队 3-2 赢下了比赛。

阿迪达斯

这个广为人知的运动品牌以其创办人阿道夫·达斯勒（昵称"阿迪"）命名。1924 年，阿道夫和哥哥鲁道夫（昵称"鲁迪"）一起，在母亲位于德国巴伐利亚州的洗衣房里开始制作运动鞋，并将自己的"作坊"定名为"达斯勒兄弟制鞋厂"。"二战"后，兄弟俩分道扬镳，弟弟阿迪开设品牌"阿迪达斯"（Adidas），而哥哥鲁迪则创立"彪马"（Puma）。1952 年，第一双带有旋转嵌入式鞋钉的运动鞋问世了。

1949 年，阿迪达斯的"三道杠"商标问世，随即阿迪就成立了自己的公司。1954 年世界杯上，穿着阿迪达斯球鞋的联邦德国队爆冷夺冠，这让阿迪达斯声名鹊起。一夜之间，"赢下世界杯的球鞋"成了街头巷尾的抢手货。这种球鞋只有英国制球鞋的一半重，可价格却贵了一倍。时至今日，阿迪达斯和耐克（Nike）两个品牌瓜分了运动鞋销售的大部分市场份额。

19 世纪 90 年代
阿迪达斯"钻石" ADIDAS DIAMANT

吉奥夫·赫斯特、博比·穆尔

1966 年世界杯上，75% 的球员都穿阿迪达斯球鞋，其中就包括吉奥夫·赫斯特和博比·穆尔——他们在阿迪达斯"钻石"系列球鞋的帮助下，在决赛中打进了 3 粒进球。

1970
"时尚的中场组织者" STYLO MATCHMAKER

乔治·贝斯特

为了更加轻便、灵活和舒适，贝斯特的球鞋使用柔软的皮革制造，侧面还有贝斯特的金字签名。这双球鞋还以其白色的聚氨酯鞋底和短而不对称的鞋带设计而出名。

20 世纪 70 年代—20 世纪 80 年代
彪马"马王" PUMA KING

贝利、约翰尼斯·克鲁伊夫、迭戈·马拉多纳

1970 年，贝利带领巴西队夺得世界杯冠军时穿的就是德国品牌彪马的"马王"系列球鞋。1986 年，马拉多纳在对阵英格兰的比赛上过掉 6 名球员完成"世纪进球"之时也是如此。

20 世纪 90 年代
阿迪达斯"猎鹰" ADIDAS PREDATOR

大卫·贝克汉姆、齐内丁·齐达内

1994 年推出的"猎鹰"系列源于利物浦名宿克雷格·约翰斯顿的设计。为了增强对足球的控制，约翰斯顿将波纹状的橡胶摩擦条应用在了鞋面上。贝克汉姆和齐达内都是"猎鹰"系列的早期尝试者。

世纪之交
耐克"刺客" NIKE MERCURIAL

罗纳尔多

来自美国的耐克是世界最大的运动品牌。1998 年，耐克终于携"刺客"系列球鞋打进足球市场。巴西射手罗纳尔多踏着这种战靴在 2002 年世界杯比赛上打进 8 粒进球，其中还包括决赛上的两次破门。

21 世纪初
阿迪达斯"零重力 F50" ADIDAS ADIZERO F50

里奥内尔·梅西

这一系列于 2010 年世界杯期间面市，"零重力"指的是球鞋本身的超轻重量——它是市场上最轻的球鞋，只有 165 克重。超微纤维鞋面在减轻自重的同时能够保持稳定性。

未来？
阿迪达斯"SAMBAPRIMEKNIT"
ADIDAS SAMBA PRIMEKNIT

路易斯·苏亚雷斯

2014 年，阿迪达斯研发了世界上第一双针织面料的足球鞋，路易斯·苏亚雷斯穿着它代表利物浦出战曼联，完成了这双球鞋的首秀。全针织的鞋面轻便、灵活，但同时不失强度。

世界杯上的乌龙球

天哪！没什么比足球落入自家球门更丢人的了——尤其是当皮球是从你脚下、头上或者其他什么部位飞出来的时候。而且，要是几乎整个地球上的人都在看着你，那份耻辱似乎就又被放大了无数倍。世界杯的比赛上一共出现过 41 粒乌龙球，占了进球总数的 1.7%。以下就是一些极其令人羞耻的时刻。

第一粒
世界杯乌龙球

曼纽尔·罗沙斯

墨西哥

智利 3-0 墨西哥
乌拉圭，1930

6
一届比赛上的
最多次乌龙球数

法国 1998

均在小组赛中

唯一
一名为自己球队和对手
球队各打进一球的球员

埃尼·布兰德茨

荷兰

荷兰 2-1 意大利
阿根廷，1978

最年长的
打进乌龙球的球员

**诺埃尔·
巴拉达雷斯**

洪都拉斯

37 岁零 43 天
法国 3-0 洪都拉斯
巴西，2014

· 应用门线技术检测的第一粒
世界杯进球

2分 10秒
最快乌龙球

塞亚德·科拉希纳茨

波黑

阿根廷 2-1 波黑
巴西，2014

唯一
一粒成为全场比赛唯一
进球的乌龙球

卡洛斯·加马拉

巴拉圭

英格兰 1-0 巴拉圭
德国，2006

94 分钟
唯一一粒在补时时间打进的
乌龙球

吉米·迪金森

英格兰
英格兰 4-4 比利时
瑞士，1954

唯一
一个打进乌龙球比正常进球
更多的国家

特立尼达和多巴哥

德国，2006

· 0-2 败给巴拉圭时打进 1 粒乌龙球，
3 场小组赛没有正常进球

3 支
打进乌龙球最多的球队

保加利亚、墨西哥、西班牙

保加利亚是唯一一支在一场比赛打进两粒乌
龙球的国家队
英格兰，1966

第一粒
在揭幕战中打进的乌龙球

汤姆·博伊德

苏格兰
巴西 2-1 苏格兰
法国，1998

唯一
一粒成为当届世界杯
第一粒进球的乌龙球

马塞洛

巴西
巴西 3-1 克罗地亚
11 分钟
巴西，2014

足球阵型演化史

足球也许是种简单的运动，但在过去 150 年里，为了制造更多进球，减少丢球的产生，人们提出了很多不同的想法。从足球运动在英格兰发祥开始，匈牙利人、意大利人、巴西人、荷兰人……所有人都在阵型上下功夫，力图找到攻守的完美平衡。

3-2-1-4

19 世纪 70 年代

早期足球讲究的是一窝蜂式的进攻。1872 年，英格兰队使用这种阵型对阵苏格兰，而苏格兰人则拿出了更为"谨慎"的 2—2—6 阵型。最终，两队竟出人意料地 0-0 握手言和。

1-2-7

20 世纪 50 年代初

有时也以 3—2—3—2 的形式出现，这种阵型在 20 世纪 50 年代为无敌的匈牙利队带来了巨大成功。在实战中，球队会安排 5 名前锋，其中一名位置拖后，旨在引出对方中卫，同时为其他 4 名前锋创造进攻的空间。为了给对手后防制造更多混乱，5 名前锋的位置经常轮换。这种阵型，再加上费伦茨·普斯卡什和桑多尔·柯奇什的致命进攻，帮助匈牙利在 1953 年和 1954 年分别以 6-3 和 7-1 的比分大胜英格兰，还在 1954 年世界杯小组赛上 8-3 血洗联邦德国。

2-3-5

19 世纪 80—90 年代

随着足球比赛职业化的推进，阵型也变得复杂了起来。普雷斯顿——1888—1989 赛季英格兰顶级联赛和足总杯双冠王——开始使用 2—3—5 "金字塔"阵型，这种由苏格兰球员率先尝试的阵型让防守更加坚固，同时也让更多传球成为了可能。

2-3-2-3

20 世纪 30 年代

在维托里奥·波佐的执教之下，意大利国家队改良了旧式的 2—3—5 阵型，将两名前锋的位置后撤。新阵型名为"条理阵型"。事实证明，"条理阵型"在防守反击上效率奇高。最终，意大利凭借这一阵型赢得了 1934 年和 1938 年的世界杯冠军。

3-2-2-3

20 世纪 20 年代

1925—1934 年间执教于阿森纳的教练赫伯特·查普曼将两名前锋和一名中场球员的位置拖后，创立了"WM"阵型。这种阵型帮助阿森纳在 1930—1938 年间五夺英格兰顶级联赛冠军。

4-2-4

20 世纪 50 年代末

这一阵型由巴西球员发扬光大，并为当代足球的更多阵型铺平了道路。虽然4—2—4阵型在防守上更加保守，但4名球员坐镇后防线，可以使球队在进攻中充分利用球场宽度，并使球员在压上和后撤时更加灵活。巴西队利用这种阵型在1958年、1970年两次夺得世界杯冠军。

20 世纪 60 年代

20 世纪80—90年代叱咤欧洲的阵型（AC米兰教练阿里戈·萨基和曼联主帅阿历克斯·弗格森的最爱）在这一时期就已经初露端倪了。1966年，阿尔夫·拉姆齐利用这种阵型将英格兰带上了世界之巅。4—4—2阵型防守有力，利于控球，能最大限度利用球场宽度，还方便策动进攻。

4-4-2

?-?-?

20 世纪 70 年代

1974年世界杯上的荷兰国家队主帅里努斯·米歇尔斯完全抛弃了过去的阵型理念，创造了"全攻全守"的新战术。这种战术中，球员可以完全自由地改换位置，推动比赛的发展，这就需要一个天才在场上进行统筹安排。米歇尔斯将这一工作交给了伟大的约翰尼斯·克鲁伊夫。最近几年里，只有天才云集的巴萨能够打出这种球员位置自由流动的战术。

21 世纪

20 世纪80年代以来，各支球队已经尝试过了多种阵型，很多阵型还有自己的变体。然而，文森特·德尔·博斯克执教的西班牙则在2012年欧洲杯上惊艳了世人——他们组织了一支拥有6名中场，而没有典型前锋的队伍，塞斯科·法布雷加斯是球队的拖后前锋——这个角色又叫"伪九号"。其实，这种"无锋阵型"早在2006—2007赛季就已被罗马主帅卢西亚诺·斯帕莱蒂使用过，并初步取得了成功。过后几年，佩普·瓜迪奥拉在巴萨利用这种战术获得了更大成功。若将梅西作为"伪九号"使用，"无锋阵型"还是很有用的。

4-6-0

最炫目的球技

当然，罗纳尔多、梅西或是内马尔的球技你也能拥有。不过说实话，那样的技术需要长年累月的练习和一点儿与生俱来的天赋异禀。通过以下的快速入门，你也来练练那些区分明星与凡人的足球技巧吧。

踩单车

"踩单车"是迷惑防守队员的一种有效方法，盘带专家罗比尼奥和C罗都是出色的"单车大师"。进攻球员在跑动中抬起前脚，如"踩单车"一般迈过皮球，紧接着利用后脚外脚背带球变向过人。

倒钩射门

又叫"倒挂金钩"，在南美，倒钩进球也叫"La Chilena"（智利人的进球）。倒钩射门是耀眼的进球表演，由"球王"贝利发扬光大之后，韦恩·鲁尼、兹拉坦·伊布拉希莫维奇等名将都曾完成过经典的倒钩表演。倒钩射门需要出众的身体协调性、极大的勇气、完美的时机，同时还要球员将球门的位置牢记于心。

颠球

颠球可能是炫耀球技最常见的方式了，不过，这种技巧其实很少出现在快节奏的球赛当中。颠球的目的很简单，就是利用除了双手之外的身体任何部位，保持皮球不落地。多项精彩的世界纪录由此产生。

颠球世界纪录

颠球时间最长的世界纪录属于英国"职业花式足球运动员"丹·马格尼斯。2010年7月，丹在中国香港利用双脚、双腿和头顶颠球，整整持续了26个小时。他还曾在2010年1月颠球行走58千米横跨伦敦，途中还走访了英超5家伦敦俱乐部的主场球场。

头顶球百米冲刺最快速度纪录

这项纪录听起来有些荒谬，但它却由另一名英国花式足球运动员丹尼尔·卡廷保持着。丹尼尔在保持额头顶球的情况下，仅用18.53秒就完成了百米冲刺。2013年在他的婚礼上，丹尼尔一边颠球，一边走进教堂，等待着新娘的到来。

颠球次数最多纪录

巴西射手罗纳尔多的第一任妻子米兰妮·多明戈斯为巴西女子足球队出场过20多次，她同时也保持着颠球次数最多的世界纪录。在9小时零6分钟的时间里，米兰妮连续颠球共计55187次，创造了令人惊讶的纪录。

彩虹过人

彩虹过人被认为是一种羞辱对手的技巧，但在你被贴身盯防时却很有用。进攻球员利用后脚将球带上前腿，同时利用前腿将球从背后甩到空中，从头顶过掉防守队员。彩虹过人最初因尼日利亚球员杰杰·奥科查而为人熟知，后来又成了内马尔的拿手绝活。

克鲁伊夫转身

1 做出意欲直传或横传的假动作；

2 利用后脚内脚背将球带到支撑腿后侧；

3 转身拿球，加速起跑，将盯防你的对手甩在身后。

狡猾的苏格兰人

这不是一项纪录，不过这是颠球应用在比赛当中的一个实例。1967 年 4 月 11 日是苏格兰足球史上值得铭记的一天。这一天，苏格兰队在温布利大球场 3-2 战胜世界冠军英格兰队。苏格兰左后卫吉姆·巴克斯特出尽风头，利用高超的颠球技术晃过了英格兰名将博比·穆尔和杰克·查尔顿等人。

插花脚

在西班牙语里，"插花脚"（Rabona）的原意为"偷懒"。这种不尊重对手的技巧要求进攻球员将要触球的脚绕到支撑腿之后进行传球或射门，让对手无法预测出球的方向。据传，插花脚由阿根廷球员里卡多·因方特在 1948 年拉普拉塔大学生队对阵罗萨里奥中央队的比赛中发明的。

足球史上的最佳11人

足球史上的最佳 11 人？关于这个问题的争论永无止境。2002 年，国际足联曾做过一项调查，上百万的球迷投票选出了他们心中的"世界杯梦之队"。其中，马拉多纳位居榜首，获得了 111035 位球迷的青睐，紧随其后的是贝利和齐达内。以下就是这支以进攻为主的"梦之队"，就连替补阵容都如此豪华。对此阵容唯一的要求，就是在评选当时，入选的球员须已退出国家队，所以这份名单里没有梅西，也没有 C 罗。现在就讨论起来吧……

列夫·雅辛	保罗·马尔蒂尼	弗朗茨·贝肯鲍尔	罗伯特·卡洛斯	罗伯特·巴乔	齐内丁·齐达内
门将	右后卫	中后卫 / 清道夫	左后卫	进攻型中场	进攻型中场
苏联	意大利	联邦德国	巴西	意大利	法国
1958、1962、	1990、1994、	1966、1970、1974	1998、2002、2006	1990、1994、1998	1998、2002、2006
1966、1970	1998、2002	103 次国家队出场	125 次国家队出场	56 次国家队出场	108 次国家队出场
78 次国家队出场	126 次国家队出场	18 场世界杯比赛	17 场世界杯比赛	16 场世界杯比赛	12 场世界杯比赛
13 场世界杯比赛	23 场世界杯比赛	5 粒世界杯进球	1 粒世界杯进球	9 粒世界杯进球	5 粒世界杯进球

超级替补

迪诺·佐夫	德扎马·桑托斯	博比·穆尔	尼尔顿·桑托斯	弗兰克·里杰卡尔德	哈维
门将	右后卫	中后卫 / 清道夫	左后卫	防守型中场	中场
意大利	巴西	英格兰	巴西	荷兰	西班牙
1970、1974、	1954、1958、	1962、1966、1970	1950、1954、	1990、1994	2002、2006、
1978、1982	1962、1966	108 次国家队出场	1958、1962	73 次国家队出场	2010、2014
112 次国家队出场	98 次国家队出场	14 粒世界杯进球	75 次国家队出场	8 场世界杯比赛	133 次国家队出场
17 场世界杯比赛	12 场世界杯比赛		15 场世界杯比赛		15 场世界杯比赛
	1 粒世界杯进球				

米歇尔·普拉蒂尼	迭戈·马拉多纳	贝利	约翰尼斯·克鲁伊夫	罗马里奥	无缘世界杯的
进攻型中场	**进攻型中场**	**前锋**	**前锋**	**前锋**	**球员**
法国	阿根廷	巴西	荷兰	巴西	
1978、1982、1986	1982、1986、	1958、1962、	1974	1990、1994	阿尔弗雷多·迪·
72 次国家队出场	1990、1994	1966、1970	48 次国家队出场	70 次国家队出场	斯蒂法诺
14 场世界杯比赛	91 次国家队出场	91 次国家队出场	7 场世界杯比赛	8 场世界杯比赛	
5 粒世界杯进球	21 场世界杯比赛	14 场世界杯比赛	3 粒世界杯进球	5 粒世界杯进球	乔治·贝斯特
	8 粒世界杯进球	12 粒世界杯进球			
					伯恩德·舒斯特尔

济科	博比·查尔顿	加林查	盖德·穆勒	费伦茨·普斯卡什	瑞恩·吉格斯
进攻型中场	**进攻型中场**	**前锋**	**前锋**	**前锋**	
巴西	英格兰	巴西	联邦德国	匈牙利	乔治·维阿
1978、1982、1986	1958、1962、	1958、1962、1966	1970、1974	1954、1962	
71 次国家队出场	1966、1970	50 次国家队出场	62 次国家队出场	84 次国家队出场	埃里克·坎通纳
14 场世界杯比赛	105 次国家队出场	12 场世界杯比赛	13 场世界杯比赛	6 场世界杯比赛	
5 粒世界杯进球	14 场世界杯比赛	5 粒世界杯进球	14 粒世界杯进球	4 粒世界杯进球	拉迪斯劳·库巴拉
	4 粒世界杯进球				

欧冠历史上最精彩的比赛

欧冠决赛——1992年至今，应该叫欧洲冠军联赛决赛——向来盛产令人难忘的比赛。然而，以下这三场比赛，可能是整个欧冠历史上最为精彩的了。这些比赛中，有绿茵场上前所未有的进攻力量，有惊心动魄的终场绝杀，还有凛然无畏的反败为胜。

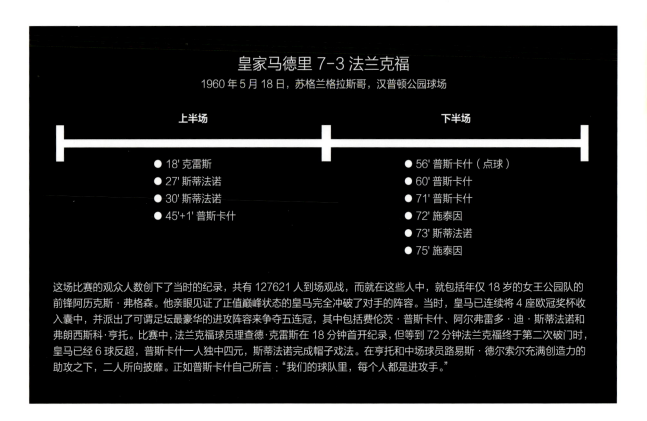

皇家马德里 7-3 法兰克福
1960年5月18日，苏格兰格拉斯哥，汉普顿公园球场

上半场	下半场
● 18' 克雷斯	● 56' 普斯卡什（点球）
● 27' 斯蒂法诺	● 60' 普斯卡什
● 30' 斯蒂法诺	● 71' 普斯卡什
● 45'+1' 普斯卡什	● 72' 施泰因
	● 73' 斯蒂法诺
	● 75' 施泰因

这场比赛的观众人数创下了当时的纪录，共有127621人到场观战，而就在这些人中，就包括年仅18岁的女王公园队的前锋阿历克斯·弗格森。他亲眼见证了正值巅峰状态的皇马完全冲破了对手的阵容。当时，皇马已连续将4座欧冠奖杯收入囊中，并派出了可谓足坛最豪华的进攻阵容来争夺五连冠，其中包括费伦茨·普斯卡什、阿尔弗雷多·迪·斯蒂法诺和弗朗西斯科·亨托。比赛中，法兰克福球员理查德·克雷斯在18分钟首开纪录，但等到72分钟法兰克福终于第二次破门时，皇马已经6球反超，普斯卡什一人独中四元，斯蒂法诺完成帽子戏法。在亨托和中场球员路易斯·德尔索尔充满创造力的助攻之下，二人所向披靡。正如普斯卡什自己所言："我们的球队里，每个人都是进攻手。"

曼联 2-1 拜仁慕尼黑
1999年5月26日，西班牙巴塞罗那，诺坎普球场

上半场	下半场
● 6 巴斯勒	● 90'36" 谢林汉姆
	● 92'17" 索尔斯克亚

20世纪最后一场欧冠比赛的最后3分钟恐怕是欧冠史上最惊心动魄的比赛结尾了。曼联，近15年来第一支闯入决赛的英格兰球队，已经夺下了当年的联赛和足总杯双料冠军，正朝着三冠王的梦想进发，而他们的对手拜仁，也正在为同样的目标而奋斗。比赛中，拜仁凭借巴斯勒的进球领先对手，还两次击中门框。拜仁看似已经主宰了比赛，但就在下半场伤停补时的最后时刻，谢林汉姆利用角球破门扳平了比分。随后，奥莱·索尔斯克亚的近距离绝杀为曼联锁定了胜局。曼联主帅阿历克斯·弗格森赛后评论道："足球，真他妈爽！"

伊斯坦布尔奇迹

25 may 2005, Atarürk Olympic Stadium

AC 米兰 3-3 利物浦
点球决胜：
AC 米兰 2-3 利物浦

上半场	下半场	加时赛

上半场
- 1' 马尔蒂尼
- 39' 克雷斯波
- 44' 克雷斯波

下半场
- 54' 杰拉德
- 56' 斯米切尔
- 60' 阿隆索

点球决胜

AC 米兰			利物浦
塞尔吉尼奥	✗	●	哈曼
皮尔洛	✗	●	西塞
托马森	●	✗	里瑟
卡卡	●	●	斯米切尔
舍甫琴科	✗		

开场仅一分钟，保罗·马尔蒂尼就打破了对手的球门，迅速建立了 AC 米兰的领先优势。米兰球员埃尔南·克雷斯波半场结束前的梅开二度，似乎已经杀死了比赛，没有给利物浦留下任何翻身的机会。

比赛进入下半场，看起来，利物浦翻身的可能性已是微乎其微——直到队长史蒂文·杰拉德门前头球吊射，为"红军"扳回一城。自此开始的 6 分钟，利物浦连入三球，扳平比分，将比赛拖入加时。紧张的 30 分钟加时赛中，两队均无建树，比赛进入点球决胜。高度的精神压力之下，利物浦挺住了，门将耶尔齐·杜德克扑出了舍甫琴科的点球，利物浦赢得了最终的胜利。"红军"利物浦的绝地反击，是欧冠历史上最为精彩的一场比赛，"伊斯坦布尔奇迹"的称号当之无愧。

最佳球员
史蒂文·杰拉德

8

女足世界杯盘点

1988 年，国际足联意图创立一个国际化、标准化的女足联赛，并在中国进行了试点。试验赛取得了巨大成功，很快，1991 年，女足世界杯诞生了——整整比男足世界杯晚了 61 年。女足世界杯的创立迅速吸引了大量球迷，观众人数和奖金总数也随之水涨船高。2015 年的加拿大女子世界杯共有 130 万名观众到场观赛，而到 2019 年法国女子世界杯开赛时，这一数字还会更多。美国队以 3 次冠军的成绩领跑冠军榜，紧随其后的是德国队。

352

美国球员克里斯汀·莉莉的出场场数。1987—2010 年效力国家队期间，她一共打进了 130 粒进球

1991 中国 12支参赛队
 决赛
美国 2-1 挪威

1995 瑞典 12支参赛队
决赛
挪威 2-0 德国

1999 美国 16支参赛队
决赛
美国 0-0 中国（包括加时）
（点球决胜：5-4）

2003 美国 16支参赛队
决赛
德国 2-1 瑞典
（依靠金球取胜）

2007 中国 16支参赛队
决赛
德国 2-0 巴西

2011 德国 16支参赛队
决赛
日本 2-2 美国（包括加时）
（点球决胜：3-1）

2015 加拿大 24支参赛队
决赛
美国 5-2 日本

40
岁

美国球员克里斯蒂·朗普参加
2015 年世界杯时的年龄——最年长
的女足世界杯决赛参赛球员。

7 个欧洲国家拥有超过 60000 名
注册女性球员：
英格兰、法国、挪威、
瑞典、丹麦、荷兰、德国。

1.2 万

截至 2015 年欧足联管辖下的 54 个成员国足协的注册
女性球员总数——欧洲女性总人口的 0.3%。

25,664

2015 年女足世界杯的平均观众
人数——1999 年女足世界杯时
为 19615 人。

90,185

1999 年女足世界杯决赛时
玫瑰碗球场的总计入场人数——
女子比赛的世界纪录。

在美国，近 20% 的高中女子运动员——
约 375000 人——
为足球运动员，约占全美女子足球运动员总数的 47%。

足球

已经超越棒球和垒球，成为美国高中女生最
普遍进行的运动——仅次于篮球和排球。

自 1985 年以来，
欧洲的女子球员总数
增长了 5 倍。

截至 2015 年底，在国际足联拥有女足世界排名的国家总数——1971 年，
只有 3 个国家，且一年只有两场国际比赛。

任意球大师

观众们屏住了呼吸，人墙排好了，门将也找准了位置。皮球另一边，还有一名球员等待着，权衡着各种可能性。面对任意球，人们会将自己的期望放到最大——会是一记精彩的直接破门吗？还是一次雷声大雨点小的"哑炮"呢？能够借任意球机会直接破门的球员对任何球队来说都是无价的财富，而以下这几名球星，则是这种艺术中的佼佼者。

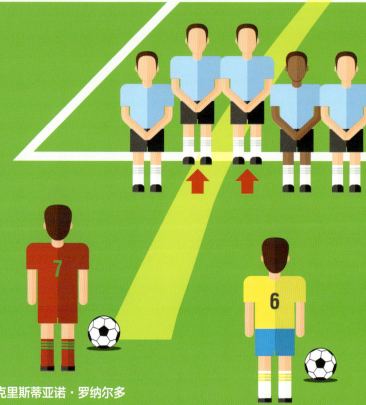

儒尼尼奥·佩南布卡诺
1993—2003

巴西中场儒尼尼奥经常被人评为世界第一任意球大师，他将"电梯球（落叶球）"发挥到了极致。这种任意球冲劲极大但几乎不会旋转，使得皮球的飞行轨迹变得无法预测。在他为里昂打进的 100 粒进球中（2001—2009），有 44 粒来自任意球，其中有一些甚至是看似不可能的超远距离破门——距离球门超过 40 米。正是这些进球，帮助法甲豪门里昂 7 年蝉联顶级联赛冠军。

克里斯蒂亚诺·罗纳尔多
2002—

和儒尼尼奥一样，葡萄牙球星 C 罗的"电梯球"也神出鬼没、势大力沉。同时，这位皇马名将还擅长利用人墙起跳的瞬间发出低平球，从人墙脚下直塞而过。

罗伯特·卡洛斯
1991—2012

卡洛斯是所有球员里发任意球最狠的，或者说助跑距离最长的。但这样的力度和助跑并不仅仅为了让球更有力。1997 年对阵法国的一场比赛上，卡洛斯从距离球门 35 米处开出任意球，皮球起飞时方向偏离球门很远，距离球门 10 米的球童都起身躲避了，可足球却最终在空中画出一道弧线，旋转没入网窝。

安德烈亚·皮尔洛

1995—

前意大利国家队主帅马尔切洛·里皮曾说："皮尔洛……用脚说话。"而这，正是这名优雅的中场大师在多次主罚任意球时的真实写照。和西尼萨·米哈伊洛维奇（见下文）一样，皮尔洛在意甲共有 28 次任意球直接破门，主要产生在为 AC 米兰和尤文图斯效力的时代。任何种类的任意球，不论是晃晕门将的短距离香蕉球，还是远距离弧线球，皮尔洛都是一把好手。

大卫·贝克汉姆
1992—2013

在英超，贝克汉姆一共打进过 15 粒任意球，创下了联赛的纪录。2002 年，他在最后时刻的任意球破门帮助英格兰战胜希腊，拿到了世界杯的入场券。贝克汉姆的发球姿势平衡，助跑距离精确，"圆月弯刀"的力度没有那么大，准确度却更高。

济科
1971—1994

巴西中场济科主罚任意球时的样子看似非常轻松——仅有轻轻一顿，几乎不做助跑，懒洋洋地就能将皮球送进他选好的位置。不过，这也需要练习。每次训练结束后，济科都会将球衣分别挂在球门四角，在 20 米远处不断开出任意球，将球衣击落。

西尼萨·米哈伊洛维奇
1986—2006

塞尔维亚球星米哈伊洛维奇的任意球充满变数——近距离的、远距离的、直线的、弧线的——似乎都难不倒这名左脚匠。1991 年，他帮助贝尔格莱德红星拿下欧冠，随后又在意甲效力了 14 年，在那期间，他共打进 28 粒任意球，并成为仅有的两名完成过任意球帽子戏法的球员之一（1998 年代表拉齐奥对阵桑普多利亚）。

世界杯上的大冷门

没什么东西比一座大力神杯更能激励那些所谓的"鱼腩球队"了。世界杯的比赛让热门强队志得意满，让黑马有了出现的机会。让人大跌眼镜的战果并不会每天都出现，但一旦产生，这些比赛就会被人永远铭记——除非你支持的是爆冷战败的那一方。

主场失利
巴西 1-7 德国
2014 年 7 月 8 日，巴西贝洛奥里藏特，米内罗球场

上半场	下半场
● 11' 穆勒	● 69' 许尔勒
● 23' 克洛泽	● 79' 许尔勒
● 24' 克罗斯	● 90' 奥斯卡（巴西）
● 26' 克罗斯	
● 29' 赫迪拉	

2014 年世界杯的东道主巴西队拥有全世界最热情的球迷。虽然当家射手内马尔因伤停赛，可他们还是期待桑巴军团能杀入决赛。虽然德国是个难缠的对手，但绝没人预料到会是这样的结局。噩梦般的 6 分钟里，德国队连入 4 球，狠狠地羞辱了巴西人。

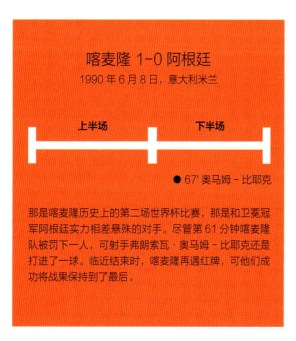

喀麦隆 1-0 阿根廷
1990 年 6 月 8 日，意大利米兰

上半场	下半场
	● 67' 奥马姆 - 比耶克

那是喀麦隆历史上的第二场世界杯比赛，那是和卫冕冠军阿根廷实力相差悬殊的对手。尽管第 61 分钟喀麦隆队被罚下一人，可射手弗朗索瓦·奥马姆 - 比耶克还是打进了一球。临近结束时，喀麦隆再遇红牌，可他们成功将战果保持到了最后。

朝鲜 1-0 意大利
1966 年 7 月 19 日，英格兰米德尔斯堡

上半场	下半场
● 42' 朴斗一	

当年世界杯开幕之时，和东道主连外交关系都还没建立好的朝鲜队是人们眼中十足的无名小卒，而对手——曾经两度夺冠的意大利队则被寄予厚望。然而，朝军下士朴斗一却以一粒进球一改人们的印象，英勇地带领球队取得胜利。后来的 1/4 决赛中，朝鲜队还曾一度 3-0 领先葡萄牙，最终，葡萄牙球星尤西比奥带队 5-3 反超得胜。

奖杯边缘的男人
约翰尼斯·克鲁伊夫 荷兰

1974 年，克鲁伊夫带着精通"全攻全守"战术的橙衣军团一路所向披靡，一直杀到世界杯决赛，但却就此止步，出乎所有人的意料。同样让人惊讶的是，1978 年，没有克鲁伊夫的荷兰队还是挺过了淘汰赛，在决赛落败。

萨尔瓦多劫案

西班牙 1-5 荷兰

2014 年 6 月 13 日，巴西萨尔瓦多，新水源球场

上半场	下半场
● 27' 阿隆索（点球，西班牙）	● 53' 罗本
● 44' 范佩西	● 72' 范佩西
	● 73' 德维基
	● 80' 罗本

世界杯卫冕冠军、国际大赛"后进生"西班牙队对阵荷兰队向来很有心得。开场 27 分钟，西班牙中场哈维·阿隆索打进点球时，一切都看似那么正常，直到临近半场结束的时刻，罗宾·范佩西的一记精彩的头球破门扳平了比分。下半场，荷兰队重振旗鼓，一鼓作气，让西班牙人毫无招架之力。

美利坚噩梦

美国 1-0 英格兰

1950 年 6 月 29 日，巴西贝洛奥里藏特，独立球场

上半场	下半场
● 38' 加特简斯	

1950 年，英格兰完成了世界杯首秀。不过，初露头角的三狮军团却是当年的一大夺冠热门，碾轧半吊子的美国队乃是众望所归。这场失利是英格兰队史上最大的耻辱，为对手立功的乔·加特简斯，只是个海地来的学生，在纽约攻读会计学。后来，加特简斯还代表海地参加了一场比赛。

数说西甲

西班牙足球甲级联赛，或称"西甲"，创立于 1929 年。创立之初，西甲只有 10 支参赛队，首届冠军为巴萨。如今，西甲已经成为欧洲最成功的联赛之——20 支参赛队，每支队伍进行 38 场比赛。多名世界顶级球星云集西甲，比如梅西，比如内马尔，比如罗纳尔多。过去十年中，西甲冠军几乎由皇马和巴萨两支球队包揽，只有马德里竞技曾在 2013—2014 赛季摘得桂冠。

550

劳尔在皇家马德里的联赛出场场数（1994—2010）——为一支球队效力的出场场数纪录

5

皇家马德里创下的最新球员转会费世界纪录数——加雷斯·贝尔、克里斯蒂亚诺·罗纳尔多、卡卡、齐内丁·齐达内、路易斯·菲戈

121

皇家马德里单赛季最高进球数（2011—2012）——西甲最新纪录

99,354

巴萨主场诺坎普球场的球场容量——西班牙最大的球场

50

巴萨射手里奥内尔·梅西 2011—2012 赛季的联赛进球数——平均每场 1.316 球

3

从未从西甲降级的球队数——皇家马德里、巴萨、毕尔巴鄂竞技

5

皇家马德里连续夺得冠军的次数——1961—1965 年间、1986—1990 年间

32

单赛季最高获胜场数——皇马（2011—2012）、巴萨（2012—2013）

757

路易斯·阿拉贡内斯教练生涯中执教的西甲比赛场数（1974—2004）

16 岁零 98 天

西甲最年轻进球球员的年龄——法布里斯·奥林加，马拉加 v 维戈塞尔塔，2012 年 8 月 18 日

9

夺得过西甲冠军的球队数：
皇家马德里 **32** 次
巴萨 **24** 次
马德里竞技 **10** 次
毕尔巴鄂竞技 **8** 次
巴伦西亚 **6** 次
皇家社会 **2** 次
拉科鲁尼亚 **1** 次
塞维利亚 **1** 次
皇家贝蒂斯 **1** 次

252

2014 年 11 月 22 日，梅西在对阵塞维利亚的比赛，同时也是自己的第 289 场西甲联赛中打进第二粒进球，总联赛进球数达到 252 粒（后来他又在这场比赛中完成帽子戏法）——超越了毕尔巴鄂竞技球员特尔莫·萨拉在 1940—1955 年间创下的纪录，成为西甲历史第一射手

622

安东尼·苏比萨雷塔的西甲出场场数（1981—1998）——西甲纪录，同时他还为西班牙国家队出场 126 场

12

弗朗西斯科·根托获得的西甲冠军奖牌数——联赛纪录，均在皇马获得（1954—1969）

12–1

西甲史上最悬殊比分——毕尔巴鄂竞技 v 巴萨，1931 年

数说意甲

和西甲一样，意大利足球甲级联赛也于 1929 年创立，拥有 20 支参赛队，单赛季共 38 轮。意甲冠军又叫"Scudetto"（意为"盾"），这一名称起源于卫冕冠军将一面"冠军盾"的图案锈到球衣上的传统。

5

国际米兰连续夺得冠军的次数——从 2005—2006 赛季至 2009—2010 赛季

44 岁零 38 天

2008 年，拉齐奥门将马可·巴洛塔出战意甲告别战时的年龄

102

意甲单赛季最高积分——尤文图斯，2013—2014 赛季。也是在这一赛季，尤文图斯创下了 38 轮 33 胜的联赛纪录

1897

意甲最古老的俱乐部——尤文图斯在都灵创立的年份

58

1990—1993 年间，AC 米兰的不败场数

2

因"电话门"丑闻，尤文图斯被剥夺冠军的次数——2004—2005 赛季、2005—2006 赛季

929

AC 米兰门将塞巴斯蒂安·罗西在 1993—1994 赛季创下的不失球分钟数纪录

80,018

意甲最大的球场——位于米兰的梅阿查球场（又名圣西罗球场）的球场容量——这里同时也是 AC 米兰和国际米兰两支球队共用的主场

84

国际米兰的意甲出场赛季数——创下了意甲纪录

274

希尔维奥·皮奥拉在 1929—1954 年间创下的意甲进球数纪录

11

阿尔贝托·马莱萨尼执教过的意甲球队数——佛罗伦萨、帕尔马、维罗纳、摩德纳、乌迪内斯、恩波利、锡耶纳、博洛尼亚、热那亚、巴勒莫、萨索洛

12

1929 年以来夺得过意甲冠军的球队数：

尤文图斯 **30** 次
国际米兰 **16** 次
AC 米兰 **15** 次
都灵 **6** 次
博洛尼亚 **5** 次
罗马 **3** 次
佛罗伦萨 **2** 次
拉齐奥 **2** 次
那不勒斯 **2** 次
卡利亚里 **1** 次
维罗纳 **1** 次
桑普多利亚 **1** 次

647

保罗·马尔蒂尼的意甲出场场数——马尔蒂尼终身效力 AC 米兰

那些跨界"触电"的球员

有些球员也许会在球场上展现高超"演技"，但绝大部分球员并不会在摄影机前有所建树。可的确有这么几个人，完成了从绿茵场到大银幕的巨大跨越。看看这 10 名或大红大紫或默默无名的兼职演员吧。

保罗·布赖特纳
为联邦德国出场 48 场

在德国"西部片"《土豆弗里茨》（1976）中饰演斯塔克中士。

弗兰克·勒伯夫
为法国出场 50 场

出演过 8 部电影，包括在《万物理论》（2014）中饰演一名瑞士医生，以及在《盟军》（2014）中饰演一名法国抵抗运动战士。

维尼·琼斯
为威尔士出场 9 场

饰演过 60 多个银幕角色，包括《两杆大烟枪》（1998）中的"大块头"克里斯、《偷拐抢骗》（2000）中的"子弹牙"托尼，还在《马达加斯加 3》（2012）中为一只名叫"弗雷迪"的狗配过音。

贝利
为巴西出场 91 场

出演过 9 部电影，包括《胜利大逃亡》（1981）和《小奇迹》（1983）等。

尼古拉·阿内尔卡
为法国出场 69 场

在《彩票追击令》（2002）中本色出演，饰演一名名叫尼古拉的足球运动员。

埃里克·坎通纳
为法国出场 45 场

在 25 部电影中客串出场，包括在《伊丽莎白》（1998）中饰演一名法国大使，以及在《寻找埃里克》（2009）中饰演自己。

吉奥夫·赫斯特
为英格兰出场 49 场

在《感恩季节》（2012）中饰演足球经纪人亚当·艾弗里。

大卫·贝克汉姆
为英格兰出场 115 场

在《秘密特工》（2015）和《圆桌骑士：亚瑟王》（2016）都曾客串出演。

大卫·吉诺拉
为法国出场 17 场

在《最后死战》（2006）中饰演迪特尔·麦克斯下士。

埃利·麦考伊斯特
为苏格兰出场 61 场

在《叱咤足坛》（2000）中饰演球员杰基·麦奎兰，好莱坞影帝罗伯特·杜瓦尔饰演他的球队教练。

★17★

共 17 名在役或退役的球员参演了《胜利大逃亡》（1981），包括贝利、博比·穆尔、奥斯瓦尔多·阿尔迪列斯，以及至少 7 名来自伊普斯维奇队的球员：保罗·库珀、凯文·比蒂、劳里·西韦尔、拉塞尔·奥斯曼、约翰·沃克、凯文·奥卡拉汉和罗宾·特纳。

足球人口国家排名

足球其实很简单，球迷也都可以参与进来，上场踢球——或者，作为裁判，或是其他相关工作人员。根据国际足联的调查，全世界有 2.65 亿人喜欢踢球，同时还有 500 万人做着与这项运动相关的工作——加在一起，足有全世界 4% 的人口。以下这些图表中显示的国家拥有最丰富的足球人口。

注册球员

以下 8 个国家拥有最多的注册职业 / 业余球员。

单位：百万人

6.3
德国

4.2
美国

2.1
巴西

荷兰
1.1

1.45
南非

1.5
英格兰

1.5
意大利

1.8
法国

工作人员

以下 8 个国家拥有最多的裁判、助理裁判、俱乐部运营，或其他相关工作人员。

单位：千人

796.3
美国

392.8
奥地利

208.0
土耳其

249.6
日本

257.8
瑞士

259.8
俄罗斯

310.6
埃塞俄比亚

285.7
法国

俱乐部

以下 8 个国家拥有最多的注册职业 / 业余联赛俱乐部。

单位：千家

10.0
加拿大

14.3
俄罗斯

16.7
意大利

42.5
英格兰

29.2
巴西

18.2
西班牙

20.0
法国

26.8
德国

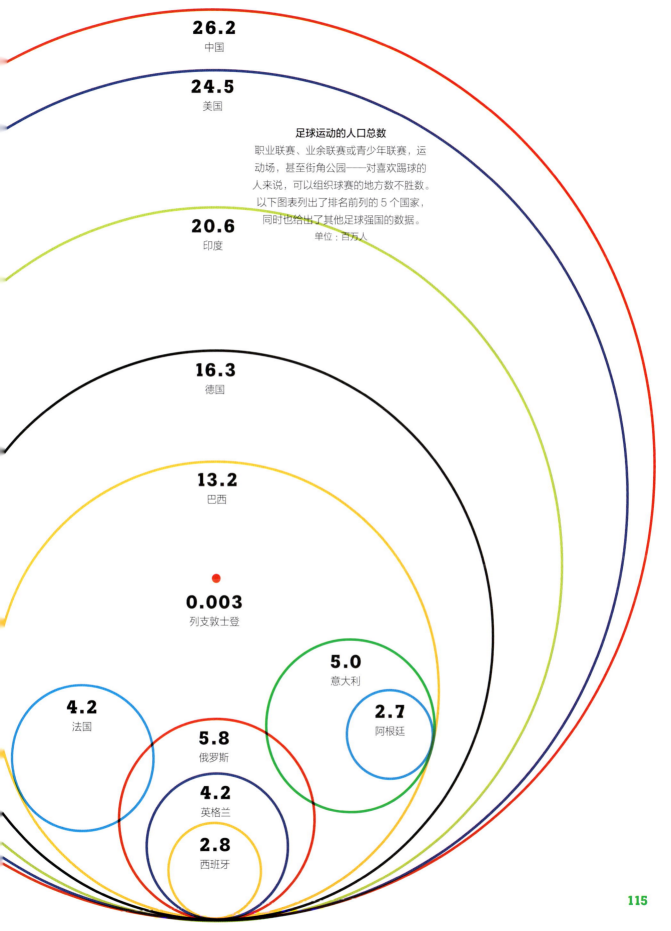

26.2
中国

24.5
美国

足球运动的人口总数
职业联赛、业余联赛或青少年联赛，运动场，甚至街角公园——对喜欢踢球的人来说，可以组织球赛的地方数不胜数。
以下图表列出了排名前列的 5 个国家，同时也给出了其他足球强国的数据。
单位：百万人

20.6
印度

16.3
德国

13.2
巴西

0.003
列支敦士登

5.0
意大利

4.2
法国

5.8
俄罗斯

2.7
阿根廷

4.2
英格兰

2.8
西班牙

115

欧洲以外的豪门俱乐部

以下这些俱乐部，它们也许不像皇马、曼联一样拥有世界级的号召力，但它们在美国、亚洲和非洲也是各自球迷心里最成功的球队。看看这些位于世界各地的"巨人"吧。

数据截至 2014—2015 赛季

1 洛杉矶银河
1996 年创立
★
联盟冠军 5 次
支持者盾杯 4 座
中北美冠冠军 1 次

2 华盛顿联
1995 年创立
★
联盟冠军 4 次
支持者盾杯 4 座
中北美冠冠军 1 次

3 博卡青年
1905 年创立
★
联赛冠军 31 次
阿根廷杯冠军 3 次
解放者杯冠军 6 次

4 河床
1901 年创立
★
联赛冠军 36 次
阿根廷杯冠军 1 次
解放者杯冠军 3 次

5 墨西哥美洲
1916 年创立
★
联赛冠军 16 次
墨西哥杯冠军 6 次
中北美冠冠军 6 次

6 弗拉门戈
1895 年创立
★
联赛冠军 6 次
巴西杯冠军 3 次
解放者杯冠军 1 次

7 瓜达拉哈拉芝华士
1906 年创立
★
联赛冠军 11 次
墨西哥杯冠军 3 次
中北美冠冠军 1 次

8 桑托斯
1912 年创立
★
联赛冠军 8 次
巴西杯冠军 1 次
解放者杯冠军 3 次

9 圣保罗
1930 年创立
★
联赛冠军 6 次
解放者杯冠军 3 次
世俱杯冠军 1 次

10 帕尔梅拉斯
1914 年创立
★
联赛冠军 8 次
巴西杯冠军 3 次
解放者杯冠军 1 次

11 佩那罗尔
1891 年创立
★
联赛冠军 **47** 次
解放者杯冠军 **5** 次
20 世纪最佳南美球队
（2009）

12 城南
1989 年创立
★
联赛冠军 **7** 次
韩国足协杯冠军 **3** 次
亚冠冠军 **2** 次

13 广州恒大淘宝
1954 年创立
★
联赛冠军 **5** 次
中国足协杯冠军 **1** 次
亚冠冠军 **1** 次

14 阿尔希拉尔
1957 年创立
★
联赛冠军 **13** 次
沙特国王杯冠军 **7** 次
亚冠冠军 **2** 次

15 阿尔萨德
1969 年创立
★
联赛冠军 **13** 次
卡塔尔酋长杯冠军 **15** 次
亚冠冠军 **2** 次

16 凯撒酋长
1970 年创立
★
联赛冠军 **13** 次
MTN8 杯冠军 **15** 次
非洲联合会杯冠军 **1** 次

17 埃及阿尔阿赫利
1907 年创立
★
联赛冠军 **37** 次
埃及杯冠军 **35** 次
非冠杯冠军 **8** 次

18 突尼斯希望
1919 年创立
★
联赛冠军 **26** 次
突尼斯杯冠军 **14** 次
非冠杯冠军 **2** 次

19 卡萨布兰卡拉贾
1949 年创立
★
联赛冠军 **11** 次
摩洛哥杯冠军 **7** 次
非冠杯冠军 **3** 次

20 马泽姆贝
1939 年创立
★
联赛冠军 **14** 次
刚果杯冠军 **5** 次
非冠杯冠军 **4** 次

117

亚洲杯盘点

亚洲是世界上第二个拥有洲际杯赛的大洲，只有南美洲的美洲杯创立得更早。1956 年，亚洲足球联合会创立了亚洲杯，除了 2007 年为避免赛事冲突而提前的一届，每 4 年举办一届。创立以来，只有少数国家曾打进过决赛圈。2015 年，最新一届"亚洲霸主"是 2007 年加入亚足联的非亚洲国家澳大利亚。

亚洲杯

	东道主	冠军	亚军
1956	中国香港	韩国	以色列
1960	韩国	韩国	以色列
1964	以色列	以色列	印度
1968	伊朗	伊朗	韩国
1972	泰国	伊朗	韩国
1976	伊朗	伊朗	科威特
1980	科威特	科威特	韩国
1984	新加坡	沙特阿拉伯	中国
1988	卡塔尔	沙特阿拉伯	韩国
1992	日本	日本	沙特阿拉伯
1996	阿联酋	沙特阿拉伯	阿联酋
2000	黎巴嫩	日本	沙特阿拉伯
2004	中国	日本	中国
2007	印度尼西亚 / 马来西亚 / 泰国 / 越南	伊拉克	沙特阿拉伯
2011	卡塔尔	日本	澳大利亚
2015	澳大利亚	澳大利亚	韩国

数说亚洲杯

7 东道国获得冠军的次数，胜率为 44%

3 最大连胜次数纪录，由伊朗创下

37 最高获胜场数纪录，由伊朗创下

14 亚洲杯最佳射手进球数：阿里·代伊（伊朗）

8-0 最悬殊比分：伊朗 8-0 南也门，1976 年

9 单场比赛最大进球数：日本 8-1 乌兹别克斯坦，2000 年

2014年世界杯期间各国提出的奇葩要求

众所周知，电影明星或是歌剧演员在工作或巡演时可能提出各种古怪而极端的要求，其实足球运动员和他们的随行队伍也是如此——征用健身房、霸占游泳池、要求额外的香蕉供应，无所不有。看看2014年世界杯期间各国提出的这些强制要求吧。

英格兰

- ☑ 单独使用酒店的一间餐厅
- ☑ 一间配有三台电视和最新比赛录像的录像室
- ☑ 每天指定时间内单独使用健身房和游泳池
- ☑ 为球员和工作人员预留两层64个房间
- ☑ 酒店翻新总花费：超过200万英镑，包括全新床铺、木地板、阳台和空调系统

美国

- ☑ 每日提供新鲜水果和蜂蜜蛋糕作为甜点
- ☑ 米其林星级名厨塞尔吉·阿罗拉烹制餐饮

澳大利亚

- ☑ 为4名球员准备咖啡机
- ☑ 世界各国的报纸
- ☑ 配有红肉、鱼肉和鸡肉的巴西餐饮

智利

- ☑ 为每个房间准备全新床铺和平板电视

法国

- ☑ 每个球员的房间需完全一样，包括墙壁颜色
- ☑ 两种液体肥皂，一种洗澡，一种洗手
- ☑ 只能提供清真肉类

日本

- ☑ 在每个房间内配备按摩浴缸

哥斯达黎加

- ☑ 一间大型休息室，配有沙发、电视和电子游戏

厄瓜多尔

- ☑ 每日提供由厄瓜多尔进口的新鲜香蕉
- ☑ 烤肉接风宴会

乌拉圭

- ☑ 无声空调系统

波黑

- ☑ 隔音屏风，分隔球员和工作人员用餐区

德国

- ☑ 特殊定制训练中心
- ☑ 独立球队总部，拥有13栋房子、65个房间、一个球场和一间新闻中心

哥伦比亚

- ☑ 从圣保罗青年队抽调15名球员充当"陪练"

瑞士

- ☑ 在沙滩上建立演播室，用来进行采访
- ☑ 每个房间的电视须接通两个瑞士电视频道

伊朗

- ☑ 免费衣物烘干服务

葡萄牙

- ☑ 6名保镖，其中4名专门保护C罗
- ☑ 每个房间准备电子游戏

阿尔及利亚

- ☑ 每张床边放置一本《古兰经》

那些跨界从政的球员

足球球星一般都当不上带领人民前进的耀眼楷模，比起公共交通、就业率和经济适用型住房等民生大事，他们更喜欢豪车、夜店，或者折腾自己的豪宅。所以看到以下这些球员从足坛跨界到政坛，你也许会大吃一惊。为这 11 人投上一票吧。

罗曼·帕夫柳琴科
副议员

★为俄罗斯国家队出场 51 场（2003—2013），为莫斯科斯巴达出场 141 场联赛，为热刺出场 78 场联赛

★2008 年当选家乡斯塔夫罗波尔的地区议会副议员，支持普京领导的统俄党

奥莱·布洛辛
议会议员

★为苏联国家队出场 112 场，进 42 球（1972—1988），为基辅迪纳摩出场超过 400 场联赛

★1998—2002 年间入选乌克兰议会

乔治·维阿
参议员

★为利比里亚国家队出场 60 场，进 22 球（1987—2007），为摩纳哥和 AC 米兰均出场超过 100 场联赛，1995 年当选国际足联世界足球先生。

★2005 年竞选利比里亚总统

★2014 年入选参议院

罗马里奥
参议员

★为巴西国家队出场 70 场，进 55 球（1987—2005），只有贝利和罗纳尔多的国家队进球比他多，1994 年世界杯冠军队成员

★2010 年大选期间作为巴西社会党候选人入选众议院

★2014 年大选期间入选参议院

哈坎·苏克
议会议员

★为土耳其国家队出场 112 场，进 51 球（1992—2007），为 7 支欧洲球队出场超过 500 场联赛，包括加拉塔萨雷、帕尔玛和布莱克本

★世界杯史上最快进球纪录保持者——2002 年对阵韩国的三四名决赛，10.8 秒

★2013 年退出执政党，保留独立议员职位，2015 年退出土耳其议会

蒂蒂·卡马拉
体育部部长

★为几内亚国家队出场 38 场，进 23 球（1992—2004），为利物浦、圣埃蒂安、朗斯、马赛等球队出场超过 350 场联赛

★2010 年就任几内亚体育部部长

詹尼·里维拉
议会议员 & 欧洲议会议员

★ 为意大利国家队出场 63 场，进 15 球（1962—1975），为 AC 米兰出场 501 场联赛，1969 年获得金球奖

★ 1987—2001 年任意大利议会议员

★ 1996—2001 年间在 4 届意大利政府内任国防部次长

★ 2005—2009 年间就任欧洲议会议员

约丹·莱切科夫
市长

★ 为保加利亚国家队出场 45 场，进 5 球（1989—1998），在 1994 年世界杯 1/4 决赛对阵德国的比赛上打进制胜头球

★ 2003 年当选家乡斯利文市市长，2007 年再度当选

★ 2013 年，因腐败被判入狱两年

贝贝托
州议员

★ 为巴西国家队出场 75 场，进 39 球（1985—1998），为拉科鲁尼亚出场 131 场联赛，1994 年世界杯冠军队成员

★ 2010 年代表民主工党当选里约州州议员

马克·威尔莫茨
参议员

★ 为比利时国家队出场 70 场，进 28 球（1990—2002），为标准列日和沙尔克 04 出场超过 100 场联赛，2012 年起执教比利时国家队

★ 2003 年代表法语革新运动党入选参议院

压轴出场……

贝利
巴西体育部部长、联合国大使、人道主义和生态环保活动家

★ 为巴西国家队出场 91 场，进 77 球（1957—1971），世界最受欢迎球员

★ 1997 年被授予大英帝国爵级司令勋章

格热戈日·拉托
参议员

★ 为波兰国家队出场 100 场，进 45 球（1971—1984），1974 年世界杯以 7 粒进球当选射手王

★ 2001—2005 年间代表民主左翼联盟入选议会

助攻能力最强的球员

比赛靠进球而取胜，而通常占尽光荣的，都是最终进球的射手。但说实话，那些依靠直塞、传中给射手制造进球机会的球员同样价值非凡。这些"助攻"和进球一样，也会被人详细地记录下来，而以下球员，他们始终高居欧洲联赛助攻榜前列。

里奥内尔·梅西
巴萨
75 场西甲联赛，15 场欧冠比赛

梅苏特·厄齐尔
阿森纳、皇家马德里
61 场英超 / 西甲联赛，16 场欧冠比赛

克里斯蒂亚诺·罗纳尔多
皇家马德里
58 场西甲联赛，15 场欧冠比赛

安赫尔·迪马利亚
曼联、皇家马德里（已转会巴黎圣日耳曼）
59 场英超 / 西甲联赛，13 场欧冠比赛

塞斯科·法布雷加斯
切尔西、巴萨、阿森纳
60 场英超 / 西甲联赛，9 场欧冠比赛

弗兰克·里贝里
拜仁慕尼黑
54 场德甲联赛，10 场欧冠比赛

卡里姆·本泽马
皇家马德里
42 场西甲联赛，16 场欧冠比赛

埃登·阿扎尔
切尔西、里尔
53 场英超 / 法甲联赛，5 场欧冠比赛

胡安·马塔
曼联、切尔西、巴伦西亚
47 场英超 / 西甲联赛，9 场欧冠比赛

安德雷斯·伊涅斯塔
巴萨
36 场西甲联赛，16 场欧冠比赛

大卫·席尔瓦
曼城
49 场英超联赛，4 场欧冠比赛

韦恩·鲁尼
曼联
40 场英超联赛，10 场欧冠比赛

梅苏特·厄齐尔
阿森纳、皇家马德里，德国

他的助攻总数可能和梅西还有差距，但厄齐尔在过去 5 个赛季的传球成功率都相对较高，从 2010 年至 2015 年，86% 比 85.8%。这个差距并不算大，但厄齐尔也许可以算是在进攻的艺术上能有某一方面超越梅西的少数人之一了。

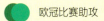

● 联赛助攻　　　　　　**● 欧冠比赛助攻**

90

77

73

72

69

64

58

58

56

52

50

50

2014 年世界杯
助攻榜

托尼·克罗斯
德国 4 次
胡安·夸德拉多
哥伦比亚 4 次
卡里姆·本泽马
法国 3 次
安德列·许尔勒
德国 3 次

各式各样的庆祝动作

进了！你踢进了一球。你高兴极了，一定要庆祝一下。要是在过去，点点头、握握手就足够了，可现在这些球员，他们的庆祝动作里夹杂着舞蹈、杂技，或是利用庆祝动作传达政治观点，分享家中的喜讯，甚至只是单纯地"装疯卖傻"。进球的狂欢容不下一点儿拘束，但尴尬却有不少。

滑跪

滑跪是最容易出差错的一个庆祝动作——在湿滑的场地上很简单，在干草地上却会变成滑稽表演。阿森纳主场门口有一座"滑跪大师"亨利摆出这个动作的铜像。据说，滑跪庆祝的发明者是20世纪80年贝尔格莱德游击队的球星德拉甘·曼斯。

空翻

非洲球员都很喜欢空翻庆祝。2002年世界杯上，尼日利亚射手朱利叶斯·阿加霍瓦在对阵瑞典的比赛中进球后，将这个动作带上了世界舞台。

扭啊，扭啊……

这也许是最令人难忘的进球庆祝动作之一了。1990年世界杯上，罗杰·米拉打进四球，每次进球后，他都要冲向角旗，扭起非洲舞。你也来试试吧：

1 首先，你要踢进一球
2 冲向最近的角旗
3 站在角旗前，抬起一只手，将另一只手置于腹部，然后

扭啊，
扭啊，
扭啊……

蒙头奔跑

这是巴洛特利等一众球星最喜欢的一种庆祝方式，尤其是那些背心上写了标语，想向全世界展示的球员。20世纪90年代，意大利球星、"白头翁"法布里齐奥·拉瓦内利将这个动作发扬光大。

双手指天

抬起双臂，双眼向上看，手指直指天空——这是球员感谢上苍，或将进球献给逝者的常见动作。最出名的"双手指天"庆祝动作应该是2008年欧冠半决赛上弗兰克·兰帕德的进球庆祝。那时，他的母亲刚刚去世几天。

摇篮舞

这个动作由巴西射手贝贝托发明，现已成为初为人父的射手庆祝的标准动作。2004年世界杯1/4决赛上进球之后，贝贝托站定，骄傲地摇起双臂，就好像抱着新生婴儿一般。

为什么总是我?

马里奥·巴洛特利的身上总是充满争议，哪有比进球之后提出抗议更好的时机呢？众多对他不利的报道，迫使他在2011年提出疑问："为什么总是我？"

牙医的椅子

有趣的是，1996年欧洲杯对阵苏格兰的比赛中，在英格兰球星保罗·加斯科因（又名加扎）打入一粒精彩进球后，他的几名队友觉得，将水倒进他口中的庆祝方式正好讽刺了人们的批评。这个动作复制了赛前球队赴中国香港训练时几名球员在夜店中玩的一种喝酒游戏——"牙医的椅子"。

跳水庆祝

尤尔根·克林斯曼1994年加盟热刺。当时，他背负频繁"跳水"的恶名。所以，在赛季揭幕战上打进一球之后，他是如何庆祝的呢？他和兴奋的队友一起，发明了这一"跳水"式的庆祝动作。

从长衣长裤到莱卡球衣

羊毛上衣、裹腿长裤、厚厚的长筒球袜——想象一下 19 世纪球员的样子和他们那身难受的球衣吧。那个时代的一身行头很快就演变成了如今我们熟知的短袖、短裤和球袜。在这个过程中，制衣的布料变了，流行趋势也带来了新的长短样式、新的剪裁方式和新的颜色设计。就这么一套简简单单的衣服，就给足球产业带来了巨额的收入。

19 世纪 60—90 年代

早年间的球员找到什么就穿什么，一般都是他们在别的运动项目——比如板球——中穿过的衣服。后来，越来越多的俱乐部开始使用纯色或带有条纹图案的各色球衣来各自区分，例如皇家工兵团的红蓝球衣（见上图）。

20 世纪初—30 年代

球衣必须盖住膝盖的规则取消，长裤终于变为短裤。球袜上出现条纹等细节纹饰，例如 1909 年曼联的足总杯球衣（见上图）。1933 年足总杯决赛上，带有号码的球衣第一次出现。

20 世纪 40—50 年代

一种新式的"欧洲大陆风格"逐渐发展起来，长袖变成短袖，短裤更短了，上衣出现了"V"字领的设计，例如 1956 年曼城的足总杯决赛球衣（见上图）。在球袜的制作中开始使用人造纤维，如尼龙。

20 世纪 60—70 年代

上衣更紧、裤腿更短、袖子更长、颜色更鲜亮了。为了在聚光灯下更加显眼，利兹联将球衣改成了白色（见上图）。1973 年，德甲球队不伦瑞克首先在球衣上印上了赞助商的名字。

20 世纪 80 年代

球衣赞助逐渐在英格兰、德国和意大利火爆起来。1982 年，皇马将赞助商印在球衣上，开了西甲球队的先河（见上图）。更加轻质、透气、吸汗的涤纶取代了纯棉面料，从此也让球衣有了更加艳丽的色彩和多样的纹样。

20 世纪 90 年代

电视转播合同、全坐席球场和销售量巨大的球衣将大量资本带进足球产业。球员的名字第一次出现在球衣上，球衣的颜色和纹样开始复杂起来，例如 1997 年德甲球队多特蒙德的欧冠球衣。

21 世纪

莱卡等高科技面料开始应用于球衣制造，增强了球衣的强度和弹性。上衣的设计重新变得简单、直接。为了支持某些纪念活动和慈善事业，球衣上出现了更多标识。例如 2013—2014 赛季罗马的球衣。

球衣销售量最大的球员

1 克里斯蒂亚诺·罗纳尔多
2 安赫尔·迪马利亚
3 迭戈·科斯塔
4 埃登·阿扎尔
5 里奥内尔·梅西
6 内马尔
7 阿莱克西斯·桑切斯
8 塞尔吉奥·阿奎罗
9 加雷斯·贝尔
10 史蒂文·杰拉德
2014—2015 kitbag.com

球衣销售量最大的球队

1 曼联
2 切尔西
3 巴萨
4 皇家马德里
5 阿森纳
6 利物浦
7 曼城
8 多特蒙德
9 托特纳姆热刺
10 拜仁慕尼黑
2014—2015 kitbag.com

票房最好的10部足球电影

除了拳击和棒球，还从没有其他什么体育运动在大银幕上取得过成功。没有足球主题的电影获得过奥斯卡奖，但确实有些电影的票房成绩还算不错。以下这10部电影曾赢得过世界级的名气。

票房成绩为全球票房总收入

少林足球
2001（香港）
$42,776,760

劣等阵容
2001（英国）
$7,310,206

前英格兰国家队队长丹尼·米安（**维尼·琼斯**饰）因打人闹事而入狱。在监狱中，他备受冷遇，却赢得了犯人们的尊敬，还组建了一支球队来对抗狱警的球队。

退役球员、"黄金右脚"明锋（**吴孟达**饰）遇到了痴迷少林功夫的阿星（**周星驰**饰），二人合力组建了一支球队，加入了一场奖金100万的足球大赛。这给了明锋打败魔鬼队和其教练强雄的机会——正是强雄所害，明锋才被迫结束了自己的足球生涯。

我爱贝克汉姆
2002（英国）
$76,583,333

印度裔伦敦女孩杰西（**帕敏德·纳格拉**饰）的足球天分被豪恩斯洛哈里斯女队的球星朱莉发现。杰西不顾家人反对加入球队，最终找到了真爱，找到了友谊，还得到了一所美国大学的足球奖学金。

退役球星乔治（**杰拉德·巴特勒**饰）的生活遭遇了危机。为了走回正轨并重新赢得儿子的尊敬，他被迫去给儿子的球队当教练。在此期间，他不但要设法拯救自己失败的婚姻，还要应付球员妈妈们的求爱"攻势"。

魔鬼联队
2009（英国）
$4,091,378

情场玩咖
2012（美国）
$30,963,272

死对头唐·里维（**科尔姆·米尼**饰）离开利兹联后，布莱恩·克拉夫（**麦克·辛**饰）接手球队，但近乎命运捉弄一样，44天后他就宣布了离职。同时，克拉夫还要同时面对失去挚友、搭档彼得·泰勒（**蒂莫西·斯波**饰）的痛苦。

胜利大逃亡
1981（美国）
$27,453,418

《胜利大逃亡》可能是最受人欢迎的足球题材电影了。电影由伟大的约翰·休斯顿导演，故事发生在"二战"时期的一个战俘营里。战俘营里的战俘足球队员包括队长约翰·科尔比（**迈克尔·凯恩**饰）、罗伯特·哈奇上尉（**西尔维斯特·史泰龙**饰）、路易斯·费尔南德斯下士（**贝利**饰）、特里·布雷迪（**博比·穆尔**饰）、卡洛斯·雷（**奥斯瓦尔多·阿尔迪列斯**饰），以及 20 世纪 80 年代几乎整支伊普斯维奇球队——在巴黎，战俘队和训练有素的德国队展开了激战。本片在美国也被简单地称作《胜利》。

薇奥拉·黑斯廷斯（**阿曼达·拜恩斯**饰）热爱足球，但女子球队却解散了。结果薇奥拉女扮男装，装扮成双胞胎哥哥塞巴斯蒂安的样子，混入哥哥的学校加入了男子球队。在这部足球版的莎剧《第十二夜》中，发生了更多的爱情闹剧。

足球尤物
2006（美国）
$57,194,667

足球老爹
2005（美国）
$56,070,433

菲尔·韦斯顿（**威尔·法瑞尔**饰）和自己 10 岁的儿子山姆天生都不是运动的料。山姆无法加入由菲尔的父亲巴克（**罗伯特·杜瓦尔**饰）执教的球队，这种竞争的挫败感给菲尔全家蒙上了一层阴影。结果，菲尔请来隔壁的足球专家帮忙，还亲自上手，执教小球队猛虎队（还有自己的儿子）走向成功——直面巴克的球队。

同母异父的墨西哥兄弟二人贝托（**迭戈·鲁纳**饰）和塔托（**盖尔·加西亚·贝纳尔**饰）本是种香蕉的农民，但他们却有很高的足球天赋，一个是射手，一个是门将。一位球探发掘了兄弟二人，并将他们带到了墨西哥城的不同球队。财富来了又去，贝托和塔托兄弟二人则一直在酒色、赌博的奢靡生活中追寻足球的成功。

一球成名
2005（美国）
$27,610,873

阿粗和阿呆
2008（墨西哥）
$11,169,232

年轻的墨西哥小将桑提亚哥·穆恩兹（**库诺·贝克**饰）渴望成为一名职业球员，但与父亲在洛杉矶工作的他没有机会实现这一梦想。后来，桑提亚哥被一名英格兰球探发掘，球探将他带到了英超纽卡斯尔联队，之后，他的梦想终于实现了——他见到了**阿兰·希勒、大卫·贝克汉姆、齐内丁·齐达内**——他们全部都由球员本色出演。

一粒进球的票面价格是多少？

支撑一支球队一整个赛季也需要不少钱。所以，要算起你的球队为你带来的快乐——尤其是进球时的激动——球队的票价值得吗？看看以下这些欧洲豪门球队在2014—2015赛季的每个联赛主场进球的对应"票价"吧。以下"票价"是根据球队最低季票的价格算出的。谁吃了球队的亏，谁又捡了球队的便宜呢？

拜仁慕尼黑
£2.38
17场主场比赛中的每粒进球

阿森纳
£24.73
19场主场比赛中的每粒进球

本菲卡
£1.47
17场主场比赛中的每粒进球

巴黎圣日耳曼
£7.83
17场主场比赛中的每粒进球

勒沃库森
£2.44
17场主场比赛中的每粒进球

巴萨
£1.62
19场主场比赛中的每粒进球

曼彻斯特联
£12.98
19场主场比赛中的每粒进球

切尔西
£20.83
19场主场比赛中的每粒进球

皇家马德里
£2.69
19场主场比赛中的每粒进球

凯尔特人
£5.86
19场主场比赛中的每粒进球

AC 米兰
£5.42
19场主场比赛中的
每粒进球

曼彻斯特城
£6.80
19场主场比赛中的每粒进球

马尔默
£4.66
15场主场比赛中的每粒进球

埃因霍温
£3.95
17场主场比赛中的每粒进球

利物浦
£23.67
19场主场比赛中的每粒进球

数说法甲

1932 年，随着法国足球甲级联赛的创立，法国足球走向职业化。迄今为止，70 多个球队都曾在法甲联赛中露过面，里尔奥林匹克（里尔足球俱乐部的前身）赢得了首个顶级联赛冠军。如今，20 支球队在每赛季 38 轮比赛中角逐，平均每场比赛都吸引着超过 22000 名观众前往观战。

77,840
联赛最高观众上座人数——里尔 v 里昂，2007—2008 赛季，法兰西体育场

7
里昂连续夺得冠军的次数——2001—2008 年间

1
摩纳哥——唯一一个在法国境外并参加法甲联赛的俱乐部

44
马赛射手杰西普·斯各布拉尔的联赛单赛季进球数——1970—1971 赛季，创下了法甲纪录

299
德利奥·翁尼斯的联赛进球数——法甲射手榜第一名，1971—1986 年间

19
夺得过法甲冠军的球队数：
圣埃蒂安 10 次
马赛 9 次
南特 8 次
摩纳哥 7 次
里昂 7 次
兰斯 6 次
波尔多 6 次
巴黎圣日耳曼 6 次
尼斯 4 次
里尔 3 次
塞特 2 次
索肖 – 蒙贝利亚尔 2 次
里尔奥林匹克 1 次
巴黎竞技 1 次
鲁贝图尔宽 1 次
斯特拉斯堡 1 次
欧塞尔 1 次
朗斯 1 次
蒙彼利埃 1 次

1
赢得过欧联杯或欧冠冠军的法甲球队数——马赛，1993 年

92
1976 年 6 月到 1981 年 4 月，南特的主场不败场数

15 岁 10 个月零 3 天
法甲最年轻球员的年龄——劳伦·帕加内利，圣埃蒂安，1978

618
米卡埃尔·朗德罗的法甲出场场数——1997—2014 年间，创下了法甲纪录

894
居伊·鲁在法甲执教的比赛场数——1961—2005年间 欧塞尔，2007 年 朗斯

89
法甲单赛季积分最新纪录——巴黎圣日耳曼，2013—2014 赛季

数说欧洲其他联赛

除了欧洲五大联赛——英超、德甲、西甲、意甲和法甲，欧洲还有将近 50 个足球联赛，覆盖了从威尔士到阿尔巴尼亚的欧洲全部地区。对当地球迷来说，这些联赛也同样重要，这些联赛中，也同样产生过世界顶级的球员和教练。

14
斯康图连续夺得拉脱维亚足球顶级联赛冠军的次数——1991—2004 年间

28
阿里斯利马索尔在塞浦路斯足球甲级联赛和乙级联赛之间反弹的次数

103
苏格兰足球冠军联赛单赛季积分最新纪录——凯尔特人，2001—2002 赛季

29
本菲卡（葡萄牙足球超级联赛）的连胜场数——1971—1973，创下了欧洲纪录

1,390
比利时门将丹尼·维林登为布鲁日不丢球的联赛分钟数——1990 年 3 月到 9 月

2013
欧足联最新成员直布罗陀足协加入的年份——如今，直布罗陀有了一个 10 支球队组成的联赛

66
费伦茨·迪克为匈牙利联赛球队圣勒林茨效力时的单赛季进球数——1945—1946 赛季，共 34 轮比赛

54
格拉斯哥流浪者赢下苏格兰足球冠军联赛冠军的次数——欧洲纪录

5
夺得过土耳其足球超级联赛冠军的球队数：
加拉塔萨雷 20 次
费内巴切 19 次
贝西克塔斯 12 次
特拉布宗体育 6 次
布尔萨体育 1 次

25
阿贾克斯夺得荷兰足球甲级联赛的次数，埃因霍温夺得过 20 次

13
五大联赛之外的球队夺得欧联杯或欧冠冠军的次数：
荷兰 6 次
阿贾克斯 4 次、费耶诺德 1 次、埃因霍温 1 次
葡萄牙 4 次
本菲卡 2 次、波尔图 2 次
苏格兰 1 次
凯尔特人
罗马尼亚 1 次
布加勒斯特星
南斯拉夫 1 次
贝尔格莱德红星

518
捷克／奥地利球星约瑟夫·比坎的联赛进球数——主要为捷克足球甲级联赛球队布拉格斯拉维亚在 1931—1955 年间打进。据称，他一生共计打进过 800 粒以上进球

104*
从 1986 年 8 月到 1989 年 9 月之间，布加勒斯特星在罗马尼亚足球顶级联赛中的不败场数——创下了欧洲纪录

* 也有数据称 106 场

历届世界杯的官方用球

足球——顾名思义——关键就在这个"球"。这是这项运动最重要的装备，而每届世界杯都是各自不同的"官方用球"。从 1970 年开始，所有的世界杯用球都由德国运动产品巨头阿迪达斯经手制造。

1930
乌拉圭

T 字球　T-Model

英国制造，以制造时使用的"T"字形皮面命名

1934
意大利

费德雷勒 102　Federale 102

意大利制造，由 13 块皮面组成。皮球上的柔软棉质系带让触感更加舒适

1938
法国

艾伦　Allen

"艾伦"也由 13 块皮面和系带组成，在巴黎制造

1950
巴西

超级得宝 T　Super Duplo T

巴西制造，第一个拥有隐藏充气阀的足球——不再需要系带了

1954
瑞士

瑞士世界冠军

Swiss World Champion

瑞士制造，拥有独特的锯齿状皮面，颜色更浅，更好辨认

1958
瑞典

巨星　Top Star

由竞标成功的一家瑞典公司制造，开创性地使用了防水外皮

1962
智利

克莱克　Crack

智利制造，由 18 块不规则多边形皮面组成，并有一个乳胶充气阀

1966
英格兰

史莱辛格挑战

Slazenger Challenge 4-Star

英国制造，由 18 块皮面组成，拥有黄色、白色和经典橙黄色 3 种配色

1970
墨西哥

电视之星　Telstar

第一个由阿迪达斯制造的比赛用球——黑白两色的设计可以让皮球在电视上显示得更清楚（因此名为"电视之星"）

1974
德国

电视之星　Telstar

沿用了 1970 年的比赛用球，除了改变表面的文字和换用了一种硬度更高的聚氨酯涂层外，没有做出改变

1978
阿根廷

探戈　Tango

"探戈"的外观设计开启了延续20年的潮流，而"探戈"的名字也开启了阿迪达斯使用与东道国特征相关词汇的传统

1982
西班牙

西班牙探戈　Tango España

最后一个使用真皮制造的比赛用球，拥有更高技术的涂层和橡胶密封接缝，增强了防水性

1986
墨西哥

阿兹特克　Azteca

第一次在外观设计上体现东道国特征（球面上的阿兹特克文明符号），同时也是第一个使用合成材料、表面防雨的足球

1990
意大利

伊特鲁里亚　Etrusco

球面装饰有意大利古代文化符号，同时，球面还附有一层合成乳胶强化涂层

1994
美国

奎斯特拉　Questra

"奎斯特拉"从美国的太空探索中得到灵感，球面涂有一层聚苯乙烯泡沫，可以使皮球的飞行速度更快

1998
法国

三色球　Tricolore

最后一个使用"探戈"设计的比赛用球，同时是第一个彩色的比赛用球——灵感来源于法国国旗、高卢雄鸡等法国民族符号

2002
韩日

飞火流星　Fevernova

在合成泡棉外皮之下，许多微型气囊可以帮助"飞火流星"飞行得更加平稳——这是比赛用球的众多改良之一。有很多人认为这款足球太轻了

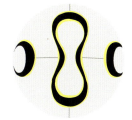

2006
德国

团队之星　Teamgeist

由14块皮面组成，热黏合技术取代了原来的缝合拼接技术——第一个真正完全防水的比赛用球

2010
南非

普天同庆　Jabulani

被称作最圆、最符合空气动力学原理的足球。名称"普天同庆"（Jabulani）来源于祖鲁语。也有人批评"普天同庆"的飞行轨迹难以判断

2014
巴西

桑巴荣耀　Brazuca

"桑巴荣耀"仅由6块皮面组成，拥有更长、更深的皮面接缝，使皮球飞行距离更远，准确度更高

闯进球场的各种动物

球迷冲进球场已经算不得什么新闻了，但这些球迷一般来说……都是人类。有时候，一些动物界的成员也会不买票就闯入球场，打断比赛。从奶牛到小猫，无奇不有。有时候，结局也不是那么完美。

蜜蜂
墨西哥 v 萨尔瓦多

2009 年的世界杯预选赛上，比赛由于一群蜜蜂闯入球门而暂停。

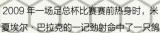

鸽子
切尔西 v 伊普斯维奇

2009 年一场足总杯比赛赛前热身时，米夏埃尔·巴拉克的一记劲射命中了一只鸽子——而它居然奇迹般地生还了。

狗
英格兰 v 巴西

1962 年智利世界杯的 1/4 决赛上，一只小狗闯入赛场，英格兰射手吉米·格里夫斯抓住了小狗，不料却被小狗尿到了球衣上。赛后，巴西球员加林查领养了这只小狗。

猫
赫拉克勒斯 v 格罗宁根

2013 年，一只黑猫闯入了荷甲联赛的赛场——可能给主场球队赫拉克勒斯带来了厄运，他们 0-2 输掉了比赛。

猫头鹰
巴兰基利亚青年 v 佩雷拉体育

2011 年的哥伦比亚国内联赛上，主场球队巴兰基利亚青年的"吉祥物"猫头鹰被足球击中，不料，眩晕中的猫头鹰又被佩雷拉体育球员路易斯·莫雷诺一脚踢飞。赛后，莫雷诺需要警察护卫才能离开球场。

松鼠
阿森纳 v 比利亚雷亚尔

2006 年的欧冠半决赛上，一只身手敏捷的松鼠闯入了场地，向镜头示意："这儿有一只松鼠！"不过，半决赛第二回合它没有再次光临。

奶牛
波兰业余联赛，2012 年

一头晕了头的奶牛闯进了比赛，踢了几个球，享受了一下掌声，就掉头洗晨浴去了。

鸭子
祖尔特瓦雷根 v 洛克伦

2010 年的一场比利时国内联赛上，一只鸭子大摇大摆地走上了球场。祖尔特瓦雷根球员穆罕默杜·哈比布冒着观众雷鸣般的嘘声，粗暴地抓住鸭子，将其赶到了场边广告牌之外。

不管是"手足相争"还是"兄弟同心"，绿茵场都是适合兄弟一齐上阵的好去处。有时候，兄弟俩面容相似，能力却有天壤之别。有的兄弟是密不可分的队友，有的兄弟却是针锋相对的对手——赛场上的兄弟总能让比赛更加精彩。

ERWIN+ RONALD

埃尔文 + 罗纳德

埃尔文·科曼 & 罗纳德·科曼

有其父必有其子……。荷兰球员马丁·科曼为国效力，他的两个儿子，埃尔文和罗纳德，也共同为荷兰取胜超过 100 场。如今兄弟二人再次聚首，分别当上了南安普顿的教练和主帅。

FRITZ+ OTTMAR

弗里茨 + 奥特马

弗里茨·瓦尔特 & 奥特马·瓦尔特

虽然哥哥弗里茨被认定为 1954 年世界杯决赛上联邦德国爆冷战胜匈牙利一役的关键人物，但弟弟奥特马其实也在队伍之中，且在那届世界杯上，弟弟打进 4 粒进球，比哥哥还多 1 粒。他们还共同为凯泽斯劳滕出场过超过 350 场联赛。

FRANCO+ GIUSEPPE

弗朗哥 + 朱塞佩

弗朗哥·巴雷西 & 朱塞佩·巴雷西

弗朗哥堪称意大利足坛的一位伟人。他为 AC 米兰出场的联赛超过 500 场，帮助球队赢得过 6 次意甲冠军。而他同为后卫的哥哥，则在职业生涯大部分时间里效力国际米兰。在米兰德比战打响的那些日子里，兄弟二人的感情也经受着巨大的考验。

MICHAEL +BRIAN

米歇尔 + 布莱恩

米歇尔·劳德鲁普 & 布莱恩·劳德鲁普

劳德鲁普兄弟无疑是有史以来球技最高超，同时外表也最俊朗的一对兄弟。司职中场的米歇尔突破能力惊人，一脚传球也非常精准，而弟弟布莱恩则是一名出色的边锋。兄弟二人配合默契，在 1998 年世界杯 1/4 决赛上帮助丹麦3-2 战胜巴西。俱乐部方面，米歇尔的成绩更为出色，他在尤文图斯、巴萨、皇马和阿贾克斯共拿过 7 次联赛冠军。

EDEN +THORGAN

埃登 + 索尔根

埃登·阿扎尔 & 索尔根·阿扎尔

阿扎尔家的男孩们都流着足球的血——父亲是半职业联赛的球员，母亲直到怀孕才挂靴退役。阿扎尔家族中最大的孩子埃登名气最大，现效力于切尔西和比利时国家队。二弟索尔根是门兴格拉德巴赫的进攻型中场，而三弟凯利安则在匈牙利发展。

YAYA +KOLO

亚亚 + 科洛

亚亚·图雷 & 科洛·图雷

图雷兄弟一个是健壮的后腰，另一个则司职后卫。哥哥科洛·图雷和弟弟亚亚·图雷曾在曼城并肩作战 3 年，同时，兄弟二人还都是科特迪瓦国家队的忠实球员。

SÓCRATES +RAÍ

苏格拉底 + 拉易

苏格拉底 & 拉易

正如他名字的原型，苏格拉底的确是一名"思想者"——他是记者、医生，同时也是一名出色的中场球员。而弟弟拉易则为圣保罗和巴黎圣日耳曼出场超过 200 场联赛，还在 1994 年为巴西赢得了世界杯——这个荣誉是哥哥没有过的。

JACK+ BOBBY

杰克 + 博比

杰克·查尔顿 & 博比·查尔顿

博比的射门可能比杰克的抢断更容易让人记住，但其实兄弟二人都是英格兰 1966 年世界冠军队中不可或缺的一员。在后来的教练生涯中，哥哥杰克更加优秀，他带领爱尔兰在 1994 年世界杯上取得了非常出色的成绩。

GARY +PHIL

加里 + 菲尔

加里·内维尔 & 菲尔·内维尔

曼联的"92 黄金一代"除了亮眼的贝克汉姆和吉格斯，还有可堪重任的内维尔兄弟二人。兄弟俩为曼联出场过 663 场联赛，为英格兰国家队出场过 144 场比赛。

XABI+ MIKEL

哈维 + 米克尔

哈维·阿隆索 + 米克尔·阿隆索

曾经有一段时间，西班牙的阿隆索兄弟二人都在英格兰效力——弟弟哈维·阿隆索在利物浦，而哥哥米克尔·阿隆索在博尔顿。如今哈维效力拜仁，同时还是西班牙世界杯大名单中的一员，而米克尔则在西班牙第三级联赛中闯荡。

裁判各种手势的含义

看比赛的时候，明白主裁判和边线裁判的手势、哨声和旗语是很重要的。如果你是球员，看懂这些信号的意思就更为关键。以下快速指导就来教教你，如何理解裁判吹哨、挥手或指向某处。

| 黄牌 | 红牌（罚下） | 进球 | 进球无效 | 推人犯规 |

| 角球 / 球门球 | 手球 | 点球 | 直接任意球 |

| 阻挡犯规 | 绊人犯规 | 踢人犯规 | 肘击 | 比赛继续 |

| 间接任意球 | 越位／犯规
（边裁） | 换人
（边裁） | 越位位置
（边裁） |

用手打进却算有效的进球

裁判，我真没碰着球！有时候，用手击球的诱惑会压过用头或用脚触球的本能，而有些球员居然还能逃脱规则的制裁。很多激烈的大赛——甚至包括世界杯——都有过未被裁判判罚的手球出现。这到底是"上帝的帮忙"，还是纯粹的厚颜无耻呢？

托尔斯滕·弗林斯

德国 1-0 美国

2002 年世界杯 1/4 决赛

德国队 1-0 比分领先，后腰托尔斯滕·弗林斯却在门线处用手拦下了美国后卫格雷格·贝尔哈特的一粒必进球。当值主裁判和边裁都没有发现，最终德国队赢得了胜利。

路易斯·苏亚雷斯

乌拉圭 1-1 加纳

2010 年世界杯 1/4 决赛

又是苏亚雷斯。眼看 1-1 的比分就要拖入加时赛之时，加纳球员多米尼克·阿迪亚，甩头攻门，不料皮球却被苏亚雷斯用手掌挡出。裁判将苏亚雷斯罚下了球场，可加纳人阿萨莫阿·吉安却射失了点球。最终，乌拉圭通过点球决胜 4-2 取得了胜利，加纳失去了成为非洲第一支晋级世界杯半决赛球队的机会。

里奥内尔·梅西

巴萨 2-2 西班牙人

2007 年西甲联赛

梅西打进过很多精彩——而且合法——的进球，但在 2007 年，西甲直到倒数第二轮比赛，冠军的归属依然悬而未决，且巴萨此时依然 0-1 落后，梅西断然抛弃头球，用手将球投进了球网。裁判没有判罚，进球有效。不过这粒进球最终只让巴萨扳平了比分，皇马赢得了那个赛季的冠军。

蒂埃里·亨利

法国 1-1 爱尔兰

2009 年世界杯预选赛

比赛当夜，法国球星亨利两度手球，助攻队友
威廉·加拉斯，法国队以 2-1 的总比分出线。
自这场比赛之后，爱尔兰就永远被移出了
亨利的度假目的地名单。

乔·乔丹

苏格兰 2-0 威尔士

1978 年世界杯预选赛

0-0，双方依然僵持不下，面对对手传球，
苏格兰射手乔丹握拳将球打飞，不料裁判却对威尔士
的后卫处以极刑。乔丹亲吻了自己紧握的双手，
打进了这粒点球。随后，苏格兰的第二粒进球
彻底浇灭了威尔士翻身的希望。

迭戈·马拉多纳

阿根廷 2-1 英格兰

1986 年世界杯 1/4 决赛

"上帝之手"的祖师爷出场了。比赛在墨西哥的
阿兹台克球场举行。51 分钟时，皮球落入英格
兰队禁区。马拉多纳跳起抢点，并做出想要头球
攻门的姿势，可实际上却用手将球打入了门将彼
得·希尔顿把守的球门。英格兰队的队员和在场
的超过 10 万名观众目睹了这一幕，但裁判却没
有看到。赛后，马拉多纳将这粒不光彩的进球喻
为"上帝之手"，还说这是阿根廷对英格兰的"复
仇"，因为英格兰在马岛战争中战胜了他的祖国。

以下这一位，
未能逃过规则的制裁……

保罗·斯科尔斯

曼联 1-2 圣彼得堡泽尼特

2008 年欧冠

比赛的最后几分钟，曼联依然比分落后，
斯科尔斯急昏了头——或者应该说急昏了拳头——
用手一把将球打入球门死角。为此他收到了第二张黄牌，
被罚下场，赛后还被停赛——太不聪明了……

网络与足球

对今天的球星来说，仅有观众席上摇旗呐喊的球迷已经远远不够了。他们想要亲近自己的球迷，想要享受他们的崇拜——每分每秒都想要。还有什么办法比发一条简单的推特更能和支持者沟通感情的呢？推特世界瞬息万变，你刚读完这一条的工夫，球星们的发帖数、粉丝数就又要翻新了。

350,000 英镑

2011-2014 年间，英足总仅靠对网络辱骂的罚款挣得的收入。由于直接辱骂足总，阿什利·科尔被罚的数额最大（9 万英镑）

C. 罗纳尔多
未及榜首

他也许是推特粉丝最多的运动员，但却没能挤进粉丝数全网总榜前 10 名。全网总榜前四名分别为：凯蒂·佩里、贾斯汀·比伯、巴拉克·奥巴马、泰勒·斯威夫特。

1,700,000

2014 年世界杯抽签仪式前后的不到 2 小时时间里产生的推特条数

粉丝数最多的球队

1 皇家马德里 17.3
2 巴萨 16.1
3 阿森纳 6.4
4 曼彻斯特联 6.23
5 切尔西 6.16
6 加拉塔萨雷 5.8
7 利物浦 4.9
8 费内巴切 4.7
9 科林蒂安 3.7
10 弗拉门戈 3.0

（数据单位：百万人。数据截至 2015 年 10 月，twitter.com）

卡卡
第一名拥有
10,000,000
名粉丝的足球运动员

推特梦之队

他们的一举一动都会受到上百万名粉丝的关注——推特上最受欢迎的 11 名球员

（数据单位：百万人。数据截至 2015 年 10 月，twitter.com）

塞尔吉奥·阿奎罗
9.2

内马尔
20.1

克里斯蒂亚诺·罗纳尔多
38.4

安德雷斯·伊涅斯塔
11.5

韦恩·鲁尼
12

梅苏特·厄齐尔
10

赫拉德·皮克
11.3

大卫·路易斯
7.5

丹尼尔·阿尔维斯
6.6

塞尔吉奥·拉莫斯
5.8

替补名单
维克多·巴尔德斯 4.2
文森特·孔帕尼 2.3
塞斯科·法布雷加斯 8
罗宾·范佩西 7.6
路易斯·苏亚雷斯 5.7

大卫·德赫亚
5

梅西去哪儿了？
梅西惜字如金，只有 60 万名粉丝

足球运动员最容易受的伤

总体上说，足球并不是什么危险的运动。不过，和其他流行的体育活动相比，从事足球运动而受伤的可能性的确略高一些。当然，双腿和双脚承受了最大的压力，不过，在比赛中让队医冲进球场来查看的，还可能有什么伤情呢？

腿部肌肉拉伤
发生于大腿部

肩关节脱位

12—35
每踢 1000 小时足球，
球员受伤的平均次数

75 %
在所有伤病中，
球员身体下半部受伤所占的比例，
身体下半部即腹股沟和骨盆及以下

脑震荡

疝气
发生于腹部

25%—33 %
在所有伤病中，
因身体某部位过度使用而导致持续恶化的
伤病所占的比例

腿筋拉伤
发生于大腿后部

膝软骨撕裂

小腿肌肉拉伤

49 %
在所有伤病中，直接导致球员退役的
膝伤所占的比例

跖骨骨折
发生于前脚掌

踝关节扭伤

**膝关节前交叉
韧带（ACL）损伤**
发生于膝关节外侧

**膝关节内侧
副韧带（MCL）损伤**
发生于膝关节内侧

腹股沟拉伤

数据来源：华沙卡罗莱纳医疗中心，由国际足联认证

历届金球奖、世界足球先生和欧洲最佳球员

和所有其他运动一样，足球也喜欢用热闹的仪式来表彰一时风头正盛的球员。众人投票评选最佳，再为最佳球员颁发一座光彩夺目的奖杯。不过，让人惊讶的是，国际足联直到 1991 年才开始评选每年的最佳球员——世界足球先生，而欧洲则从 1956 年起开始评选金球奖，首位获奖者为英格兰传奇边锋斯坦利·马修斯。

金球奖

金球奖是由足球杂志《法国足球》授予每年度最优秀的欧洲球员的奖项，由一批专业体育记者票选评出。起初，金球奖仅颁给在欧洲俱乐部效力的欧洲球员，1995 年起扩展为在欧洲效力的所有球员，2007 年又扩展为全世界所有球员。2010 年，金球奖和国际足联世界足球先生合并。2016 年 9 月，这两个奖项又"分手"了。

1956	斯坦利·马修斯	英格兰	1983	米歇尔·普拉蒂尼	法国
1957	阿尔弗雷多·迪·斯蒂法诺	西班牙	1984	米歇尔·普拉蒂尼	法国
1958	雷蒙德·科帕	法国	1985	米歇尔·普拉蒂尼	法国
1959	阿尔弗雷多·迪·斯蒂法诺	西班牙	1986	伊戈尔·别拉诺夫	苏联
1960	路易斯·苏亚雷斯	西班牙	1987	路德·古利特	荷兰
1961	奥马尔·西沃里	意大利	1988	马尔科·范巴斯滕	荷兰
1962	约瑟夫·马索普斯特	捷克斯洛伐克	1989	马尔科·范巴斯滕	荷兰
1963	列夫·雅辛	苏联	1990	洛塔尔·马特乌斯	德国
1964	丹尼斯·劳	苏格兰	1991	让－皮埃尔·帕潘	法国
1965	尤西比奥	葡萄牙	1992	马尔科·范巴斯滕	荷兰
1966	博比·查尔顿	英格兰	1993	罗伯托·巴乔	意大利
1967	弗洛里安·阿尔伯特	匈牙利	1994	赫里斯托·斯托伊奇科夫	保加利亚
1968	乔治·贝斯特	北爱尔兰	1995	乔治·维阿	利比里亚
1969	詹尼·里维拉	意大利	1996	马蒂亚斯·萨默尔	德国
1970	盖德·穆勒	联邦德国	1997	罗纳尔多	巴西
1971	约翰尼斯·克鲁伊夫	荷兰	1998	齐内丁·齐达内	法国
1972	弗朗茨·贝肯鲍尔	联邦德国	1999	里瓦尔多	巴西
1973	约翰尼斯·克鲁伊夫	荷兰	2000	路易斯·菲戈	葡萄牙
1974	约翰尼斯·克鲁伊夫	荷兰	2001	迈克尔·欧文	英格兰
1975	奥列格·布洛欣	苏联	2002	罗纳尔多	巴西
1976	弗朗茨·贝肯鲍尔	联邦德国	2003	帕维尔·内德维德	捷克
1977	阿兰·西蒙森	丹麦	2004	安德烈·舍甫琴科	乌克兰
1978	凯文·基冈	英格兰	2005	罗纳尔迪尼奥	巴西
1979	凯文·基冈	英格兰	2006	法比奥·卡纳瓦罗	意大利
1980	卡尔－海茵茨·鲁梅尼格	联邦德国	2007	卡卡	巴西
1981	卡尔－海茵茨·鲁梅尼格	联邦德国	2008	克里斯蒂亚诺·罗纳尔多	葡萄牙
1982	保罗·罗西	意大利	2009	里奥内尔·梅西	阿根廷

国际足联世界足球先生

和金球奖比，世界足球先生算是"后起之秀"。国际足联会先起草一份候选球员名单，再由各个国家队的主教练和队长进行票选。

1991	洛塔尔·马特乌斯	德国
1992	马尔科·范巴斯滕	荷兰
1993	罗伯特·巴乔	意大利
1994	罗马里奥	巴西
1995	乔治·维阿	利比里亚
1996	罗纳尔多	巴西
1997	罗纳尔多	巴西
1998	齐内丁·齐达内	法国
1999	里瓦尔多	巴西
2000	齐内丁·齐达内	法国
2001	路易斯·菲戈	葡萄牙
2002	罗纳尔多	巴西
2003	齐内丁·齐达内	法国
2004	罗纳尔迪尼奥	巴西
2005	罗纳尔迪尼奥	巴西
2006	法比奥·卡纳瓦罗	意大利
2007	卡卡	巴西
2008	克里斯蒂亚诺·罗纳尔多	葡萄牙
2009	里奥内尔·梅西	阿根廷

国际足联金球奖

2010 年，为了选出真正的世界最佳球员，国际足联世界足球先生和金球奖合二为一。每年，国际足联将和《法国足球》杂志的专家们一起起草候选球员名单，再由各个国家队的教练、队长以及体育记者投票选出最终得主，每年一月颁奖。

2010	里奥内尔·梅西	阿根廷
2011	里奥内尔·梅西	阿根廷
2012	里奥内尔·梅西	阿根廷
2013	克里斯蒂亚诺·罗纳尔多	葡萄牙
2014	克里斯蒂亚诺·罗纳尔多	葡萄牙
2015	里奥内尔·梅西	阿根廷
2016	克里斯蒂亚诺·罗纳尔多	葡萄牙

欧足联欧洲最佳球员

自从金球奖和国际足联联合，将评选标准向全世界开放后，欧洲足球事务的管理者欧足联创立了自己的奖项。欧洲最佳球员的评选规则和以前的金球奖一样，由体育记者投票选出最终得主，每年八月颁奖。

2010—2011	里奥内尔·梅西	阿根廷
2011—2012	安德烈斯·伊涅斯塔	西班牙
2012—2013	弗兰克·里贝里	法国
2013—2014	克里斯蒂亚诺·罗纳尔多	葡萄牙
2014—2015	里奥内尔·梅西	阿根廷
2015—2016	克里斯蒂亚诺·罗纳尔多	葡萄牙

职业足球赛对场地的各种规定

足球比赛的需求其实很少——几名球员、两个球门、一个皮球、一片场地——就这么简单。然而，在职业球赛中，对比赛场地的表面、尺寸、画线、设备的规定非常严格。这些规则均由国际足联制定，每个国家、每支球队都必须遵守。

出界　　　　界内

界内界外

足球必须整体从地面或空中越过球场边线或底线才算出界。如果足球的任何部分仍在边线或底线以内，则可判定足球仍在界内。

❶ 球门柱

球门的门柱和横梁须为白色，可由木材、金属或其他国际足联许可的材料制成。球门的形状可为圆形、椭圆形、正方形或长方形。

❷ 球门尺寸

球门由两根垂直于地面的门柱和一根水平的横梁组成，两根门柱距离两边角旗的距离相等，横梁位于底线正中。两根立柱内边沿之间的距离为 7.32 米（8码），横梁底边沿到地面的距离为 2.44 米。

场地表面

一般来说，球场的表面均为草皮，分为天然草皮和人工草皮。人工草皮的颜色须为绿色。

❹ 中圈

球场的中心点位于中线的中点处，开球时，足球须放置在中点之上。中圈是以此中点为圆心，半径 9.15 米（10码）的圆。中圈标志着开球前，对方队员须距离足球的最短距离。

❸ 小禁区

小禁区又名 6 码区。小禁区以底线为基础，规定从距每根门柱内边沿 5.5 米（6码）处，引出一条底线的垂线，垂线的长度亦为 5.5 米，再由一条平行于底线的水平线相连。

❺ 球场长度

球场的长边须长于其宽边，两条边线须等长，介于 90 米（100码）至 120 米（130码）。在国际比赛中，球场长度须介于 100 米（110码）至 110 米（120码）。

数据来源：国际足联，《足球竞赛规则》

边线（球场总长度）

尺寸一成不变?

很多俱乐部球场或国家级场馆的场地均为标准的 105 米（114 码）长、68 米（74 码）宽——但也有例外。比如，托特纳姆热刺队的主场白鹿巷球场就更小一些，为 100 米（109 码）长、67 米（73 码）宽。

球场画线

足球场地为矩形，场地上的画线旨在标明一些特定的区域和范围，其宽度不应宽于 12 厘米。球场上最长的线为两条边线，两条边线和另外两条稍短的底线共同划定了球场的范围。将两条边线的中点相连的中线，将球场分为两个半场。

❻ 点球点

点球点是点球发出位置的标记，与两根门柱连线中点的距离为 11 米（12 码），且与两根门柱的距离等长。罚点球时，除主罚球员和对方门将之外的所有球员均须与点球点保持至少 9.15 米（10 码）的距离——这段距离由禁区弧标记。

❼ 禁区弧

禁区弧为半径为 9.15 米（10 码）的一段圆弧，其圆心为点球点，范围位于大禁区外。英文中，有时也会将禁区弧简称为"The D"（D 弧）。

❽ 球场宽度

两条底线须等长，介于 45 米（50 码）至 90 米（100 码），在国际比赛中，球场宽度须介于 64 米（70 码）至 75 米（80 码）。

❾ 大禁区

大禁区又名 18 码区，或简称禁区。规定从距每根门柱内边沿 16.5 米（18 码）处，引出一条底线的垂线，垂线的长度亦为 16.5 米，再由一条平行于底线的水平线相连。上述三条线与底线围成的矩形即为大禁区。

❿ 角球区

球场的每个角均须立有角旗，旗杆的高度不应低于 1.5 米。角球区的范围由一个直径为 1 米（1 码）的 1/4 圆弧标记。发角球时，需选择离出界位置最近的角球区，足球需置于角球区内。

伊布经典语录

他曾效力阿贾克斯、AC米兰、巴萨和巴黎圣日耳曼，他是这些豪门球队的顶级射手，他还曾代表瑞典国家队出战。兹拉坦·伊布拉希莫维奇的自我感觉永远良好。而且，正如下面这些语录所揭示的，伊布拉希莫维奇既不怕自抬身价，也不怕直面争议。

"伊布从不参加海选。"
得知阿森纳主帅阿尔赛纳·温格要求进行试训后，伊布拉希莫维奇拒绝了阿森纳的转会邀请。

"你引进了我，就是买了一辆法拉利。"
伊布拉希莫维奇的自我总结。

"我只知道一点——世界杯没了我，就没了看头。"
关于2014年世界杯预选赛瑞典出局的评论。

"当然没买。我买的是飞机，飞机要快多了。"
关于已购买时捷跑车的谣言的回应。

"要是他（鲁尼）明年夏天还想转会，我就会建议他来巴黎圣日耳曼找我……要是他真来了，就会知道伊布的进球比他的漂亮，他必须习惯。"

"伊布受伤了，不管对哪支球队来说都是头等大事。"
要是伊布拉希莫维奇无法出场，那就别找别人了。

"我也喜欢烟火，但我只会在花园里放……我绝不会在自己家里放火。"
关于马里奥·巴洛特利在家中放烟火致火灾的评论。

"什么也不送，她已经有伊布了。"
关于给妻子的生日礼物的选择。

"我们在找公寓。要是找不到合适的，干脆就把酒店买下来好了。"
关于在巴黎难以找到住所住的评论。

"开始时我往左偏，他也跟着往左偏，后来我又往右晃，他也跟着往右晃，最后我再晃到左边，他干脆下场买热狗去了。"
伊布拉希莫维奇嘲笑利物浦笨拙的后卫。

"想想自己这么完美，我不禁笑了起来。"
伊布拉希莫维奇的生活乐趣。

数说巴甲

直到 1959 年，巴西才创立自己的国家级足球联赛，取代了原来的地区竞赛。1989 年，巴西的国家联赛定名"巴西足球甲级联赛"。如今，巴甲已经成为世界上最活跃的联赛之一，共有 20 支参赛队，包括圣保罗的帕尔梅拉斯、科林蒂安和里约热内卢的弗拉门戈、弗鲁米嫩塞。每年 5 月至 12 月的几个月里，这 20 支球队共须角逐 38 轮。

55
巴甲联赛的最少到场观众人数纪录——尤文图德 2-1 波图加沙，1997 年 12 月

190
罗伯托·迪纳迈特的联赛进球数——1971—1993，巴甲射手榜第一名

5
万德雷·卢森博格执教球队夺得的冠军数——帕尔梅拉斯（1993、1994）；科林蒂安（1998）；克鲁塞罗（2003）；桑托斯（2004），创下了巴甲纪录

103
2004 年桑托斯夺冠赛季的进球数

1,000
门将罗杰里奥·切尼为圣保罗在所有比赛中的出场场数——截至 2011 年。他还曾打进过超过 100 粒进球

12
秒
巴甲联赛最快红牌——泽·卡洛斯，肘击。2009 年 7 月，克鲁塞罗 v 米内罗竞技

155,523
巴甲联赛的到场观众人数纪录——弗拉门戈 v 桑托斯，马拉卡纳球场，1983 年 5 月

34
巴拉纳竞技射手华盛顿·斯泰卡奈罗·塞凯拉 2004 赛季的进球数——创下了巴甲纪录

26
2013 赛季被解雇的主帅人数，平均每个俱乐部 1.3 名——仅哥列迪巴一支球队就有 4 名主帅下课

17
夺得过巴甲冠军的球队数：
帕尔梅拉斯 8 次
桑托斯 8 次
圣保罗 6 次
弗拉门戈 6 次
科林蒂安 6 次
克鲁塞罗 4 次
弗鲁米嫩塞 4 次
达伽马 4 次
巴西国际 3 次
巴伊亚 2 次
博塔弗戈 2 次
格雷米奥 2 次
米内罗竞技 1 次
瓜拉尼 1 次
科里提巴 1 次
累西腓 1 次
帕拉尼恩斯 1 次

14
单场比赛红牌数纪录——戈亚斯 v 克鲁塞罗，1979 年 10 月

5
桑托斯的连胜赛季数——1961—1965 赛季

数说南美洲其他联赛

南美洲也许只有 10 个国家的足球事业有所发展，但这个大洲却在为这项运动而疯狂。这里的联赛每个都充满激情，例如创立于 1891 年的阿根廷足球甲级联赛。这些充满竞技性的球赛捧红了一众球星，包括阿莱克西斯·桑切斯或路易斯·苏亚雷斯。

0

来自秘鲁、玻利维亚或委内瑞拉的球队赢得南美解放者杯冠军的次数，而来自阿根廷的球队赢下过 24 次

44

佩那罗尔或乌拉圭民族之外的球队赢得乌拉圭足球甲级联赛冠军所用的年数——乌拉圭捍卫者，1976

230

费尔南多·莫雷纳创下的乌甲联赛进球数纪录——1969—1985 年间，主要效力佩那罗尔

15 岁零 35 天

2003 年，塞尔吉奥·阿奎罗在阿根廷独立队首秀出场时的年龄——创下了阿根廷足球甲级联赛出场球员的最低年龄纪录

36

河床赢得阿根廷足球甲级联赛冠军的次数——阿根廷最成功的俱乐部

3

来自阿根廷的球队得到世俱杯亚军的次数——博卡青年，2007；拉普拉塔大学生，2009；圣洛伦索，2014。来自巴西的球队赢过 4 次冠军

92

佩那罗尔或乌拉圭民族赢得乌甲联赛冠军的次数——佩那罗尔 48 次，乌拉圭民族 45 次

295

巴拉圭射手阿塞尼奥·埃里科在阿甲联赛进球数——效力于阿根廷独立，1933—1946

79

国民竞技、米伦拿列奥和圣塔菲独立参加过的哥伦比亚足球甲级联赛的赛季数

80,093

位于秘鲁利马的纪念碑球场的球场容量——秘鲁体育大学队的主场，南美洲最大的足球场

4,338

丹尼尔·阿尔塞德斯·卡瑞恩球场的海拔。该球场位于秘鲁塞罗德帕斯科，为秘鲁第三级联赛球队米纳斯联盟的主场——它也是世界上海拔最高的足球场，也有资料称它的海拔为 4380 米。

球员如何保持状态

平均来说，一名职业足球运动员在一场比赛中跑动的距离能达到 10 千米，所以他们的身体状态必须非常好才行。除了周六要进行比赛，职业球员几乎把时间都花在了训练上——一周只能休息一天。以下内容列出了在没有周中比赛的情况下，一名球员的训练计划和饮食计划。

周六（赛后）

☑ **静息恢复**——泡冰水浴、穿压力裤，促进血液循环和肌肉吸氧

周日

☑ **积极性恢复**——在 60% 心率状态下骑单车 20 分钟

周一

☑ **恢复性训练**——轻度场地训练或技术训练

周二

☑ **上午**：高强度场地训练——分小组比赛，不重射门，要求保持控球或一对一盯防

☑ **下午**：力量、体能训练——蹲举、硬拉、卧举、引体向上

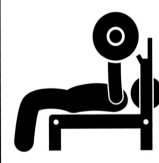

周三

☑ **上午**：中高强度场地训练——11 人组队进行控球和技术训练

☑ **下午**：力量、爆发力训练——低次数、高速度地高翻和跨栏跳训练

周四

☑ 休息日

周五

☑ **轻度场地训练**——速度、反应力训练，着重比赛战术准备，如短距离往返跑训练

胜利食谱

仅注重训练和锻炼而忽略饮食是不会取得理想效果的。良好的饮食计划可以帮助球员在高度紧张的 90 分钟比赛的前、中、后期都将身体状态维持在最好的状态。对顶级职业球员来说，营养平衡高于一切。

赛前 · 准备

午餐和晚餐中蛋白质与碳水化合物的平衡十分关键。三文鱼、鲭鱼、火鸡和牛肉都是蛋白质的优质来源，碳水化合物除了米饭和意大利面，还可来源于苋菜籽、藜麦、小麦，而时令蔬菜则提供了维生素和矿物质。早餐为球员一天的训练和比赛积蓄能量，因此鸡蛋和使用较小谷粒（如藜麦）熬制的清粥都是普遍的选择。足球训练消耗极大，对体能的要求很高，所以球员还需要靠高蛋白零食来补充蛋白质，如烤饼或奶昔——但零食须现做现吃，以避免过多的糖类和脂肪摄入。

赛中 · 维持

富含碳水化合物和咖啡因的能量胶能在中场休息时用来提供能量——但球员必须提前接受训练才能适应这种补给。含有碳水化合物和电解质的运动饮料也很重要，尤其是当赛场气温较高时。运动饮料中的碳水化合物可辅助肌肉恢复，电解质可保护机体不致脱水。同时，运动饮料的适宜摄入量也应因人而异。

赛后 · 恢复

终场哨声一经吹响，球员全身肌肉的下一项重要任务就是迅速恢复。含有碳水化合物、蛋白质和抗氧化剂的饮料可帮助肌肉的恢复，诸如水果和谷物混合做成的沙冰。接下来，球员将回到更衣室，安定下来之后，营养师一般会建议他们食用自己喜爱的、高营养价值的食物，如寿司或刺身，来辅助机体的修复。回到家里，球员还应持续摄入一系列健康食品，例如谷物、麦片、酸奶以及鸡蛋——永不过时的鸡蛋。

最梦幻的球场

狂热呼喊、高唱队歌，主场球迷们为了帮助自己的球队赢得进球可以付出一切——再没什么比亲临比赛现场更令人激动的了。拥有宏伟球场的球队着实不少，但以下几个球场融合了浪漫、壮丽和激情，堪称足坛翘楚。

← 老特拉福德球场

英格兰，曼彻斯特

容量：**75653** 人 首次启用：**1910** 年

老特拉福德球场是英格兰最大的俱乐部球场，英超球队曼彻斯特联队的主场，由博比·查尔顿命名为"梦剧场"。球场由苏格兰建筑师阿奇博尔德·利奇主持设计。利奇在英国建造过超过 20 座球场，包括白鹿巷球场、埃布罗克斯球场和维拉公园球场。

诺坎普球场 →

西班牙，巴塞罗那

容量：**99354** 人 首次启用：**1957** 年

诺坎普球场是欧洲最大的球场，"诺坎普"一名在加泰罗尼亚语中意为"新场地"。球场的修建历时 3 年，其间重新修订过 3 次预算。1986 年，诺坎普球场迎来了到场观众人数纪录——120000 人，比赛为巴萨对阵尤文图斯。

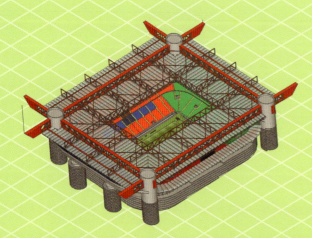

← 圣西罗球场

意大利，米兰

容量：**80018** 人 首次启用：**1926** 年

圣西罗球场是米兰的两支同城球队 AC 米兰和国际米兰的共用主场，又名梅阿查球场。"圣西罗"的名称来源于米兰圣西罗区，是球场的所在地。球场标志性的 11 根圆柱塔是在 1990 年修建而成的。

伯纳乌球场 →

西班牙，马德里

容量：**81044** 人 首次启用：**1947** 年

为球队修建一座主场球场是圣地亚哥·伯纳乌的梦想。伯纳乌时任皇家马德里足球俱乐部主席，球场竣工后他也将自己的名字赋予了它。4 次欧洲杯或欧冠联赛的决赛曾在伯纳乌球场拉开帷幕，1982 年世界杯决赛也在这里打响。

安联球场 →

德国，慕尼黑

容量：71137 人　首次启用：2005 年
安联球场是拜仁慕尼黑的第三个主场球场，同时，慕尼黑 1860 队
也将这里作为主场使用。安联球场最显著的特征就是球场外壁上覆
盖的 2874 个气囊样的结构。这些结构可以在晚上变换不同的颜色。

← 糖果盒球场

阿根廷，布宜诺斯艾利斯

容量：49000 人　首次启用：1940 年
阿尔贝托·J. 阿曼多球场是阿甲名门博卡青年的主场，因为其形状
特殊，又被球迷称作"糖果盒球场"。糖果盒球场有三面弧形看台，
坡度很大，这三面看台则围绕着垂直而建的第四面看台。

土耳其电信球场 →

土耳其，伊斯坦布尔

容量：52650 人　首次启用：2011 年
加拉塔萨雷热情的球迷，再加上土耳其电信球场本身出众的声学效
果，将这座球场打造成了全世界最令客场作战的对手胆寒的地方。
2011 年 3 月，主场球迷的吼声达到了 131.76 分贝，创下了世界
纪录。

← 伊杜纳信号公园球场

德国，多特蒙德

容量：80667 人　首次启用：1974 年
伊杜纳信号公园球场原名威斯特法伦球场，是多特蒙德的主场，也
是德国最大的球场。伊杜纳信号公园球场的南面看台是全欧洲最大
的单面看台，可以容纳 25000 名观众。

凯尔特人公园球场 →

苏格兰，格拉斯哥

容量：60832 人　首次启用：1892 年
苏格兰格拉斯哥的两支豪门球队凯尔特人和格拉斯哥流浪者历史
悠久，两个老对手之间的对决也曾上演过无数次。1938 年，两
队之间的"老字号德比"吸引了 92000 名观众到场观战，创下了
苏超纪录。很多人都曾说凯尔特人公园球场拥有欧洲球场中最棒
的主场气氛。

球场中的各种"迷信"行为

有时候，仅仅技术过硬还不足以保证比赛结果令人满意。即便是世界顶级球员，也会进行一些特殊的仪式，试图影响比赛结果或自己的发挥。下面这些人，离开了球场，他们的世界一定特别可怕——这些敏感的人啊……

球场迷信

约翰·特里
专挑这一个
- 切尔西后卫特里在更衣室中总会使用同一个小便池。

塞尔吉奥·戈伊科切亚
点球前，先"放水"
- 曾经有一次，阿根廷门将戈伊科切亚在边线处小便之后扑出了一粒点球，从此以后，每次面对点球之前，他都要先"放空"自己。

约翰尼斯·克鲁伊夫
拍一下，吐一口
- 为阿贾克斯效力时，荷兰球星克鲁伊夫定会在赛前拍一下门将哥特·巴尔斯的肚子，还要把口香糖吐到对方的半场。

博比·穆尔
您先请
- 博比·穆尔作为队长，曾帮助英格兰问鼎1966年世界杯。在所有其他队友换上球衣之前，自己绝不会穿上球衣。

列夫·雅辛
史上最伟大的俄罗斯门将如何做赛前准备呢？"抽根烟舒缓神经，再喝杯酒放松肌肉。"

洛朗·布兰克
亲吻光头
- 1998年世界杯的每场比赛开始前，法国后卫布兰克都会亲吻门将法比安·巴特兹的光头，就算决赛也是如此——由于禁赛，布兰克在决赛中根本无法上场。

加里·莱因克尔
节约进球
- 英格兰射手莱因克尔从不在赛前热身时射门，他怕这样会浪费进球。如果比赛上半场没有进球，他就会在中场休息时换一件球衣。若一段时间都没有进球入账，他还会去剪短头发。

佩佩·雷纳
加满油箱
- 西班牙门将雷纳在为利物浦主场出场之前，总会开车去同一家加油站加满油箱。比赛前一晚，雷纳会吃火腿三明治配两片芝士，再加上一杯酒。

科洛·图雷
科特迪瓦后卫科洛·图雷习惯最后一个出场，但这个习惯让他在2009年吃了亏。当时还是在效力阿森纳的科洛·图雷因在对阵罗马的比赛下半场已经开始后才进场而吃到黄牌。

格纳罗·加图索
经典厕所读物
- 2006年世界杯每场比赛之前，作风硬朗的意大利中场加图索都读上几页俄国文豪陀思妥耶夫斯基的作品——在上厕所时读。这可能就是当年意大利夺取冠军的秘诀。

足坛恐惧症

大卫·贝克汉姆
完美先生

混乱恐惧症——恐惧混乱、无序
贝克汉姆会按颜色分类摆放物品，如果冰箱里有 3 罐饮料，他就会扔掉一罐，让冰箱里的饮料保持左右对称。

谢伊·吉文

目前效力于斯托克城的爱尔兰门将吉文据说每场比赛都会在他把守的球门之后放上一小瓶圣水。

韦恩·鲁尼
孤单的孩子

孤独恐惧症——恐惧孤独、落单
在酒店房间里，鲁尼必须开着灯、电视甚至吹风机才能睡着。

菲尔·琼斯
我还是走楼梯吧

电梯恐惧症——恐惧（国外的）电梯
效力于曼联的英格兰后卫菲尔·琼斯在国外踢比赛时绝不会乘坐电梯。小时候，在一次与家人去希腊度假时，他曾被困在电梯中。

丹尼斯·博格坎普
地面上的英雄

恐飞症——恐惧乘坐飞机

荷兰球员博格坎普罹患恐飞症还要追溯到 1994 年。由于当年的世界杯，他要不断地飞进、飞出美国，还要频繁在美国国内周游。1995 年加盟阿森纳后，博格坎普拒绝再次乘坐飞机，因此缺席了很多欧洲境内的客场比赛。

粉丝里的大牌明星

大多数球迷都默默无闻。但也有一些，他们光芒太盛，注定无法被埋没在人群当中。演员、作家、歌手、运动明星、政治家，甚至皇室成员——他们支持的球队有时也会让你大吃一惊。

皇家马德里

罗伯特·德尼罗

西班牙国王胡安·卡洛斯一世

詹妮弗·洛佩兹

拉菲尔·纳达尔

普拉西多·多明戈

胡里奥·伊格莱西亚斯

夏奇拉

佩内洛普·克鲁兹

阿斯顿维拉

戴维·卡梅伦

威廉王子

奥兹·奥斯朋

奈吉尔·肯尼迪

马拉加

安东尼奥·班德拉斯

（同时支持皇马）

斯旺西

凯瑟琳·泽塔－琼斯

伊丽莎白二世
阿森纳

再没有比她地位更高的球迷了。在过去的 50 多年里，英国女王都是忠实的"枪迷"。女王对阿森纳的爱来源于她的母亲，她的母亲十分崇拜阿森纳球星、英格兰板球国家队球员丹尼斯·甘顿。

其他球迷包括：

凯文·科斯特纳、米克·贾格尔、哈里王子、Jay-Z、刘易斯·汉密尔顿

利物浦

德瑞博士

科特妮·洛芙

塞缪尔·杰克逊

丹尼尔·克雷格

纳尔逊·曼德拉

埃尔维斯·科斯特洛

安吉丽娜·朱莉

盖瑞·巴洛

连姆·尼森

麦克·梅尔斯

拜仁慕尼黑

尼科·罗斯博格

弗拉基米尔·克里琴科

施特菲·格拉芙

鲍里斯·贝克尔

教皇本笃十六世

诺维奇

休·杰克曼

斯蒂芬·弗雷

迪丽娅·史密斯

曼彻斯特联

罗里·麦克罗伊

贾斯汀·汀布莱克

尤塞恩·博尔特

麦莉·赛勒斯

蕾哈娜

莫里西

格拉茨风暴

阿诺德·施瓦辛格

弗拉基米尔·普京
圣彼得堡泽尼特

圣彼得堡是这名热爱运动的俄罗斯硬汉领导人的家乡，所以他支持圣彼得堡泽尼特也在情理之中。2012 年，普京甚至还通过支持球队砸下 6000 万英镑重金引援的方式回应了人们对球队的争议。圣彼得堡泽尼特花费 6000 万，引来了巴西球员胡尔克和比利时球员埃克塞尔·维特塞尔。

伯恩利

查尔斯王子

国际米兰

安德烈·波切利

瓦伦蒂诺·罗西

圣埃蒂安

阿兰·普罗斯特

切尔西
艾德·希兰
威尔·法瑞尔
迈克尔·凯恩
史蒂夫·麦奎因
吉米·佩奇
戈登·拉姆齐
理查德·爱登堡

埃弗顿
保罗·麦卡特尼
西尔维斯特·史泰龙
约翰·赫特
朱迪·丹奇

米尔沃尔
丹尼尔·戴－刘易斯

巴萨
贾斯汀·比伯
萨尔瓦多·达利
何塞·卡雷拉斯
欧内斯特·海明威

巴黎圣日耳曼
尼古拉·萨科齐

巴拉克·奥巴马
西汉姆联
2003年，在伦敦探望同父异母的姐姐奥玛期间，奥巴马在西汉姆联主场观看了一场比赛。美国总统当即表示，以后将开始追随"铁锤帮"。

其他球迷包括：
伊利亚·伍德、马特·达蒙、拉塞尔·布兰德、凯拉·奈特莉、阿尔弗雷德·希区柯克、雷·温斯顿、詹姆斯·柯登

纽卡斯尔联
托尼·布莱尔斯汀
马克·诺弗勒

AC米兰
诺瓦克·德约科维奇
（同时支持贝尔格莱德红星）

维冈竞技
米哈伊尔·戈尔巴乔夫

欧塞尔
杰拉尔·德帕迪约

热那亚
弗兰克·辛纳屈

罗马
莫妮卡·贝鲁奇
埃尼奥·莫里康内

科林蒂安
埃尔顿·塞纳

尤文图斯
鲁契亚诺·帕瓦罗蒂
卡拉·布吕尼

格拉斯哥流浪者
肖恩·康纳利

法兰克福
塞巴斯蒂安·维特尔

沃特福德
艾尔顿·约翰

拉齐奥
威尔·史密斯

凯尔特人
洛德·斯图尔特
博诺
鲍勃·马利

那不勒斯
丹尼·德·维托
索菲亚·罗兰

安格拉·默克尔
多特蒙德
德国总理默克尔自诩球迷，2014年德国赢得世界杯时她也曾一起庆祝。她热爱的球队是多特蒙德，但出于"外交"需要，她也曾对拜仁表示过热情。

中北美洲及加勒比海地区金杯赛盘点

北美洲、中美洲、加勒比海地区——地区不同，可来自这些地区的球队却都由一个名为中北美洲及加勒比海足球联合会的组织管辖。从 1963 年起，为了寻找真正的"美洲之王"，这个组织创立了一个锦标赛，1991 年，又将锦标赛改制为"中北美洲及加勒比海地区金杯赛"。过去 25 年里，墨西哥和美国几乎一直占领着冠军榜，不过 2015 年，牙买加也曾十分接近冠军。

中北美洲及加勒比海锦标赛

	东道国	冠军	亚军
1963	萨尔瓦多	哥斯达黎加	萨尔瓦多
1965	危地马拉	墨西哥	危地马拉
1967	洪都拉斯	危地马拉	墨西哥
1969	哥斯达黎加	哥斯达黎加	危地马拉
1971	特立尼达和多巴哥	墨西哥	海地
1973	海地	海地	特立尼达和多巴哥
1977	墨西哥	墨西哥	海地
1981	洪都拉斯	洪都拉斯	萨尔瓦多
1985	（无固定东道国）	加拿大	洪都拉斯
1989	（无固定东道国）	哥斯达黎加	美国

中北美洲及加勒比海地区金杯赛

	东道国	冠军	亚军
1991	美国	美国	洪都拉斯
1993	美国／墨西哥	墨西哥	美国
1996	美国	墨西哥	巴西（邀请参赛）
1998	美国	墨西哥	美国
2000	美国	加拿大	哥伦比亚（邀请参赛）
2002	美国	美国	哥斯达黎加
2003	美国／墨西哥	墨西哥	巴西（邀请参赛）
2005	美国	美国	巴拿马
2007	美国	美国	墨西哥
2009	美国	墨西哥	美国
2011	美国	墨西哥	美国
2013	美国	美国	巴拿马
2015	美国／加拿大	墨西哥	牙买加

10

墨西哥在锦标赛或金杯赛中的夺冠次数

6

金杯赛中被邀请参赛的国家数：巴西、哥伦比亚、厄瓜多尔、秘鲁、南非、韩国

7

金杯赛单场比赛上，单个球员的进球数纪录——2011 年，哈维尔·埃尔南德斯（墨西哥）；2015 年，克林特·邓普西（美国）

兰登·多诺万

美国

金杯赛射手榜第一名

18 粒进球

比赛被迫暂停的各种原因

足球比赛用时一般都在 90 分钟左右，终场哨声响起后结束。但也有一些特殊的例外，由于一些人为或非人为的原因，比赛超出了裁判的控制，最终导致暂停——或根本无法开赛。

关门比赛

墨西哥足球联赛曾在 2009 年受到猪流感疫情的困扰。某一个周末，墨西哥三个级别共 176 场比赛只得在全封闭的室内举办。

向教皇致敬

2005 年 4 月 2 日，星期六，圣若望·保禄二世教皇去世。为表敬意，当天的意甲联赛全部取消。卡利亚里主帅吉安弗朗哥·佐拉表示："体育比赛暂停也属正常，毕竟现在有比足球更重要的事。"

贝克汉姆没有参赛

2008 年 12 月，洛杉矶银河曾和昆士兰狮吼一起策划过一场商业比赛。但球队最终也未能前往澳大利亚，因为当时大卫·贝克汉姆正准备从洛杉矶银河转会 AC 米兰，并不打算冒受伤的风险参加比赛。

对手缺席

1999 年 10 月 9 日，苏格兰国家队正准备在爱沙尼亚首都塔林进行比赛。一切就绪后，还有一个问题——没有对手。由于苏格兰队抱怨球场灯光情况，比赛更改了时间，这引起了爱沙尼亚人的抗议，最终拒绝出场。独自开赛几秒钟后，裁判吹哨，宣判比赛中止。

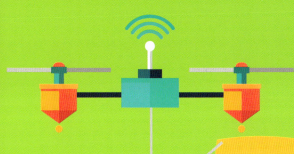

遭遇雷击

21岁的阿奎拉运动队球员若奥·孔特雷拉斯在比赛中遭遇雷击。时值2014年12月，秘鲁杯半决赛第二轮，对阵弗尔扎联盟队。比赛在秘鲁城市万卡约举办。雷击事件发生后，比赛立即暂停。万幸的是，孔特雷拉斯生命无碍。

无人机风波

2014年10月，2016欧洲杯预选赛塞尔维亚对阵阿尔巴尼亚的比赛上半场，一架遥控无人机飞到了球场上方塞尔维亚球迷的面前。无人机上悬挂着一幅大阿尔巴尼亚主义的旗帜。该旗帜被阿尔巴尼亚球员一把扯下，此举引发了球员、裁判和球迷的一场大混战。最终，阿尔巴尼亚球员离开球场，英国主裁判马丁·阿特金森吹停了比赛。

降下红牌雨

2011年，主裁判达米安·卢比诺创造了一项世界纪录——他在一场比赛中共出示了36张红牌。这是一场阿根廷第五级别联赛，交战双方分别为维克多利亚队和克雷普尔队。比赛下半场，在裁判罚下两名球员后，两队球员大打出手。很快，两边的球员、教练，甚至裁判团队都卷了进来。等到连球迷都冲进场内时，比赛已经无法继续了。

球队人数骤减

厄立特里亚国家队的球员似乎一出国就爱"玩消失"。2015年，在与博茨瓦纳比完世界杯预选赛后，10名球员不知所终。3年前，球队前往乌干达后，17名球员，连同队医一起被报"逃走"。2010年，13名国家队队员从坦桑尼亚消失，其中几人后来出现在了美国得克萨斯州。

因日食延期

1999年8月11日，全英国的人都在期待看到自1927年以来的第一次日全食。这给德文郡警方带来了不小的麻烦。最后，他们不得不推迟托基联对阵朴茨茅斯的比赛，唯恐没有足够的警力来处理比赛中因日食而可能出现的意外事件。

那些跨界歌坛的球员

足球运动员转战录音棚之前，你应该好好忠告他们："先干好本职工作！"而且球员"哼唧"出来的歌曲大都"不忍卒听"。不过，值得一提的是，的确有几名球员的大作闯入过流行金曲排行榜——甚至还曾一度屠榜，冲击榜首。

约翰尼斯·克鲁伊夫

荷兰
喔，喔，喔
又是一击
1969

▲ 荷兰排行榜第 **21** 名
• 录音时，克鲁伊夫非常紧张，喝了杯酒才唱得出声

凯文·基冈

英格兰
坠入情网
1979

▲ 英国排行榜第 **31** 名；德国排行榜第 **10** 名；奥地利排行榜第 **20** 名
• 基冈 1980 年的下一首单曲《英格兰》未能上榜

▼ 英国排行榜第 **31** 名
• 1990 年，加扎和林迪斯芳乐队合唱的《泰恩河上的迷雾》曾在英国排行榜上一路飙升至第二名

斯拉文·比利奇 & RAWBAU

克罗地亚
炎热的疯狂
2008

▶ 克罗地亚排行榜第 **1** 名
• 如今执教西汉姆联的比利奇曾在自己的乐队"RAWBAU"中担任节奏吉他手

弗朗茨·贝肯鲍尔

德国
**你独自一人 /
好朋友永不分离**
1966

▶ 德国排行榜第 **31** 名
• "凯撒大帝"1967 年的最新单曲《你是幸福的》并未上榜，这也宣告了他演唱生涯的终结——谢天谢地

保罗·加斯科因

英格兰
乔弟的孩子们
（加扎负责说唱）
1990

► 英国排行榜第 **12** 名
• 这对来自热刺的英格兰队友的下一首单曲《告别》在英国排行榜上只排到了 92 名

格伦·霍德尔 & 克里斯·瓦德尔
英格兰
钻石灯光
1987

莫滕·甘斯特·佩德森 & THE PLAYERS
挪威
真心实意
2006

▲ 挪威排行榜第 **11** 名
• 莫滕所在乐队的其他几名成员，也都是来自挪威的球员——弗雷迪·多斯桑托斯、雷蒙德·克维斯维克、克里斯托弗·哈斯塔德、奥伊温·斯卫宁

罗克·圣克鲁斯 / 施蒂勒林夏之众
巴拉圭
我，罗克
2004

阿萨莫阿·吉安 / 卡斯特罗
加纳
非洲女孩
2011

路德·古利特
荷兰
你不是跳舞的类型
1984

▲ 德国排行榜第 **32** 名；奥地利排行榜第 **38** 名
• 单曲放出时，罗克还是拜仁的明星射手

▲ 加纳排行榜第 **1** 名
• 加纳说唱歌手卡斯特罗在 2014 年 7 月与吉安一家一起驾驶水上摩托时失踪了。

◄ 荷兰排行榜第 **4** 名
• 1988 年古利特的反种族隔离单曲《南非》曾登上荷兰排行榜第 3 名

世界上主要的足球管理机构

足球是一项国际化的运动，也是世界上最受欢迎的团队运动，运动员和观众人数可达数十亿。因此不论在世界范围内还是大洲范围内，与足球相关的各项事务都需要协调和管理，其工作量十分巨大，包括举办男子和女子比赛，足球运动的宣传和规章制度的制定。

国际足联

国际足球联合会（FIFA）

总部：瑞士，苏黎世

国际足联主管国际足球事务，在比利时、丹麦、法国、荷兰、西班牙、瑞典和瑞士足协的倡议下，于 1904 年 5 月 21 日在巴黎成立。国际足联目前共有 209 个成员足协，其职责为制定和维护足球运动的规则，并在世界范围内推动足球运动的发展。儒勒·雷米在 1921—1954 年间担任国际足联主席，他于 1930 年举办了首届世界杯，并于 1932 年将国际足联总部移至苏黎世。

1 中北美洲足联

中北美洲及加勒比海足球联合会（CONCACAF）

总部：美国，迈阿密

中北美洲足联于 1961 年在墨西哥城成立，目前拥有 41 个成员足协，包括美国、加拿大、墨西哥、中美洲和加勒比海地区诸国，以及两个地处南美洲海岸线西北部的两个国家——苏里南和圭亚那。中北美洲足联负责组织地区性的俱乐部竞赛、中北美冠联赛和两年一届的金杯赛。

2 南美洲足联

南美洲足球联合会（CONMEBOL）

总部：巴拉圭，卢克

南美洲足联的成员足协是最少的——只有 10 个——但这 10 名成员中包括了巴西、阿根廷和乌拉圭这样的足球"巨人"，在 20 届世界杯中拿下过 9 届冠军。南美洲足联成立于 1916 年，是最早成立的大洲足联。这一年正好也是阿根廷独立 100 周年。由南美洲足联举办的比赛包括每年一届的南美解放者杯（俱乐部）和美洲杯（国家队）。美洲杯创立于 1916 年，旨在选出真正的"南美霸主"。

3 非足联

非洲足球联合会（CAF）

总部：埃及，十月六日城

1957 年，四个非洲国家——埃及、苏丹、埃塞俄比亚和南非——齐聚苏丹首都喀土穆，成立了非足联。如今，非足联的成员足协已经扩充至 56 个，其本身也已成为世界最大的大洲足联。由非足联举办的比赛包括国家之间的非洲杯和俱乐部之间的非冠联赛。非洲杯于 1957 年创立，每届的间隔时间不定。

6 欧足联
欧洲足球联合会（UEFA）
总部：瑞士，尼翁

1954 年，欧足联于瑞士巴塞尔成立。目前，欧足联拥有 54 个成员足协，包括欧洲几乎全部国家，以及一些部分位于欧洲或位于欧洲之外的国家，如土耳其和哈萨克斯坦。单从球赛成绩的角度讲，欧足联是最成功的大洲足联，夺得过 11 次世界杯冠军，举办的比赛有欧洲杯、欧联杯和欧冠联赛。

球员掌权

很多球星退役后都会拿起教鞭，但很少有人会去蹚政治的浑水——但米歇尔·普拉蒂尼是最典型的例外。普拉蒂尼于 1983 年、1984 年和 1985 年三夺金球奖，同时也是唯一一名担任过欧足联主席的职业球员。

5 亚足联
亚洲足球联合会（AFC）
总部：马来西亚，吉隆坡

从地理上讲，亚足联是最大的大洲足联，同时也是最丰富多彩的一个——47 个成员足协，从北马里亚纳群岛（人口：52000）到中国（人口：13.5 亿），各具特色。1954 年，亚足联于菲律宾首都马尼拉成立。亚足联也会举办多种不同的赛事，包括俱乐部间的亚冠联赛，和四年一届的国际赛事——亚洲杯。

4 大洋洲足联
大洋洲足球联合会（OFC）
总部：新西兰，奥克兰

大洋洲足联是最小的大洲足联，目前只拥有 11 个成员足协，包括新西兰、萨摩耶和斐济，还有 3 个准会员（基里巴斯、纽埃岛、图瓦卢）。大洋洲足联成立于 1966 年，1996 年加入国际足联。2006 年，澳大利亚宣布退出大洋洲足联，加入亚足联。每隔两年，大洋洲足联都会举办洲内主要的国家间赛事——大洋洲国家杯。

著名的归化球员

还有什么能比为生你养你的祖国效力更荣耀的呢？也许，是为另一个国家效力吧。有些知名球星，他们不但为归化的国家效力，还曾出战过自己的祖国，甚至在对阵祖国的比赛上进过球——我的天哪！

2008 年欧洲杯，波多尔斯基在对阵他的祖国波兰的比赛中打进过两粒进球。

卢卡斯·波多尔斯基
出生地：波兰
1985

奥马尔·西沃里
出生地：阿根廷
1935

首秀：阿根廷 1956 出场 19 场

德科
出生地：巴西
1977

贝恩德·克劳斯
出生地：德国
1957

阿尔弗雷多·迪·斯蒂法诺
出生地：阿根廷
1926

首秀：阿根廷 1947 出场 6 场

约西普·西穆尼奇
出生地：澳大利亚
1978

首秀：克罗地亚 2001
出场 105 场

我又成荷兰人了
乔纳森·德·古兹曼
从加拿大到荷兰

- 德·古兹曼 1987 年出生于多伦多，父母分别来自菲律宾和牙买加。一家人于 1999 年迁往荷兰，并于 2003 年取得荷兰国籍。
- 2013 年为荷兰国家队首秀出场。
- 其兄朱利安·德·古兹曼为加拿大效力。

像伦敦巴士一样红的爱国心
从英格兰到爱尔兰

1990 年世界杯小组赛上爱尔兰战胜英格兰时，11 名球员中的 6 名出生于英国：

克里斯·莫里斯、米克·麦卡锡
保罗·麦格里斯、约翰·奥尔德里奇
托尼·卡斯卡里诺、安迪·汤森德

出巴西记

迭戈·科斯塔 至西班牙
蒂亚戈·莫塔 至意大利
卡考 至德国
佩佩 至葡萄牙

首秀：德国 2004 出场 126 场（2015）

- 2006 年世界杯小组赛中首次对阵波兰

首秀：意大利 1961 出场 9 场

- 1957 年，西沃里帮助阿根廷夺得美洲足球锦标赛（美洲杯的前身）冠军。转会尤文图斯并加入意大利国籍后，他加入意大利国家队并于 1961 年对阵阿根廷，并在比赛中梅开二度，最终意大利 4-1 取得胜利。

首秀：葡萄牙 2003 出场 75 场

- 德科 2003 年为葡萄牙国家队首秀出场，对阵巴西——他打进一球，帮助球队 2-1 取得了胜利。

首秀：奥地利 1981 出场 22 场

- 1981 年，克劳斯出场对阵联邦德国，打进一球帮助球队 2-0 取得胜利。1982 年的世界杯小组赛上，他再次出战祖国，结果奥地利 1-0 落败。

首次：哥伦比亚 1949
出场 4 场（未得到国际足联认可）

首秀：西班牙 1957
出场 31 场

- 西穆尼奇在 2006 年世界杯小组赛中对阵澳大利亚，两队最终 2-2 握手言和。他在澳大利亚出生、长大，但父母均为克罗地亚人。西穆尼奇职业生涯最后的球队为萨格勒布迪纳摩。

- 1949 年，阿根廷的一场球员罢工致使斯蒂法诺移民哥伦比亚，并入选国家队。1953 年，他加盟皇马，并于 1956 年加入西班牙国籍。4 年后，他在比赛中出场，对阵阿根廷。

不同的语言如何喊"球进了！"

皮球钻入网窝的时刻，大部分人都会大喊"Gooooooal!"（英语，意为"进了！"）或是一些非常相似的单词——但有些人不一样。人们喊什么，取决于他们说什么语言。惊喜之情如出一辙，可喊出的话却因国家的不同而大相径庭。

GÔL!

威尔士语

TOR!

德语

进球

汉语普通话

GOLI!

斯瓦西里语

GOOOOOOOOOLLLLLLLLLL

西班牙语 / 意大利语 / 罗马尼亚语 / 保加利亚语 / 波兰语 / 克罗地亚语……

HEDEF!

土耳其语

DOEL!

荷兰语 / 南非荷兰语

MARK!

冰岛语

QOL!

阿塞拜疆语

BÁIR!

盖尔语

LADUMA!

祖鲁语

ゴール

日语

GOAL!

英语

LLLLLLLLLLLLLLLLLLLLL !!!!!!!

GOLO!

葡萄牙语 / 世界语

MÅL!

瑞典语 / 挪威语 / 丹麦语

MAALI!

芬兰语

BUT!

法语

γκολ

希腊语

177

数说美国足球大联盟

将 1994 年世界杯的东道国定为美国是有条件的，那就是让美国创立自己的职业足球联赛，于是美国职业足球大联盟便诞生了。1996 年，美职联只有 10 支参赛队，如今已经翻了一倍——17 支来自美国，3 支来自加拿大。20 支参赛队被分为东、西两个联盟，每支队伍共比 34 轮，常规赛成绩最好的球队获得支持者盾杯，而赛季表现最佳的 12 支球队将晋级季后赛，争夺大联盟杯。

416

凯义·哈特曼为洛杉矶银河、堪萨斯城巫师和达拉斯燃烧效力时的总出场场数——1997—2012年，创下了美职联纪录

92,650

美职联比赛的到场观众人数纪录——美国芝华士 1-1 新英格兰革命，2006 年 8 月 6 日

26

美职联单赛季（2000）单人的助攻次数纪录——卡洛斯·巴尔德拉马，坦帕湾反叛

27

美职联单赛季进球数纪录——罗伊·拉西特（坦帕湾反叛，1996）、克里斯·万多洛夫斯基（圣何塞地震，2012）、布拉德利·赖特－菲利浦斯（纽约红牛，2014）

10

夺得过支持者盾杯的球队数：
华盛顿特区联 4 次
洛杉矶银河 4 次
哥伦布水手 3 次
圣何塞地震 2 次
纽约红牛 2 次
芝加哥火焰 1 次
堪萨斯城竞技 1 次
迈阿密联合 1 次
坦帕湾反叛 1 次

3

华盛顿特区联 2013 年的获胜场数——美职联单赛季最低获胜场数纪录

15

美职联最长连胜场数——洛杉矶银河，1997 年 9 月 7 日到 1998 年 5 月 17 日

$245,000,000

2015 年西雅图海湾人的球队市值——美职联最"值钱"的球队

10

夺得过大联盟杯的球队数：
洛杉矶银河 5 次
华盛顿特区联 4 次
堪萨斯城竞技 2 次
圣何塞地震 2 次
休斯敦迪纳摩 2 次
芝加哥火焰 1 次
哥伦布机员 1 次
皇家盐湖城 1 次
科罗拉多急流 1 次
波特兰伐木工 1 次

144

兰登·多诺万的联赛进球数——美职联射手榜第一名，2001—2014，圣何塞地震、洛杉矶银河。多诺万同时也保持着联赛最高助攻次数的纪录——136 次

2

美职联球队夺得美冠杯冠军的次数：
华盛顿特区联（1998）
洛杉矶银河（2000）

数说世界其他联赛

国际足联共有 209 个地区足协会员——国家级的联赛数不胜数，其中，更有数千家俱乐部为了自己在足坛的地位而激烈竞争着。有的联赛，比如日本的甲级职业足球联赛 J 联赛或墨西哥的甲级联赛，也拥有人数众多而激情澎湃的球迷群体，而也有些联赛的球迷少而精。看看各个大洲上各大联赛的数据亮点吧。

2

1993 年 J 联赛创立以来从未降级的球队数——鹿岛鹿角、横滨水手

72,327

横滨水手主场日产体育场的球场容量——J 联赛最大的球场

312

埃文尼瓦尔多·卡斯特罗的联赛进球数（1974—1988）——墨西哥足球甲级联赛射手榜第一名

**40 岁
零
320 天**

澳大利亚足球超级联赛最年长球员的年龄——巴西球星罗马里奥，2006 年 12 月，他代表阿德莱德联出战纽卡斯尔喷气机

725

奥斯瓦尔多·桑切斯的墨西哥足球甲级联赛出场场数（1993—2004）——主要效力瓜达拉哈拉和桑托斯拉古纳，创下了联赛纪录

7

鹿岛鹿角的 J 联赛夺冠次数

48

J 联赛最年长球员的年龄——2015 年 11 月，48 岁的三浦知良与日本乙组职业足球联赛 J2 联赛球队横滨队续约 1 年

1983

韩国 K 联赛的创立年份——哈雷路亚赢得首届冠军。哈雷路亚队的球员和教练均为基督教徒

8

大连实德夺取中国足球协会甲级联赛冠军的次数——如今，大连阿尔滨已将大连实德兼并。中超夺冠次数第一多的球队为广州恒大，截至 2016 年为 6 次。

10

韩国球队的亚冠联赛夺冠次数——尤以浦项制铁为最多，共 3 次夺冠

58m

冈山绿雉球员植田龙仁朗头球破门时距离球门的距离——2011 年 J2 联赛对阵横滨的比赛中，植田龙仁朗在本方半场完成头球破门

帽子戏法那些事

很多好事总是三个三个地成组到来——进球也一样。一场比赛中打进三粒进球对任何球员来说都是了不起的成就，就算对里奥内尔·梅西也是如此，而梅西已经在巴萨完成过 30 多次帽子戏法了。不过，有些比赛中的帽子戏法，意义要更加特别。

90 秒

汤米·罗斯

职业足球比赛中最快的帽子戏法

罗斯郡 8-1 奈恩郡

苏格兰，1964 年 11 月

2 分 **56** 秒

萨迪奥·马内

英超联赛最快帽子戏法

南安普顿 6-1 阿斯顿维拉

2015 年 5 月

18 分

米歇尔·普拉蒂尼

最"完美"帽子戏法——左脚、头球、右脚，18 分钟完成 3 次破门

法国 3-2 南斯拉夫

1984 年欧洲杯

罗伯特·莱万多夫斯基

拜仁慕尼黑

3 分 22 秒

拜仁 5-1 沃尔夫斯堡

德甲，2015 年 9 月

德甲联赛最快帽子戏法，单人全场共打进 5 粒进球
- 同时也是德甲联赛最快完成"大四喜"和"连中五元"的纪录
- 德甲联赛唯一一名连中五元的替补球员

仅在这场比赛 3 个月前，2015 年 6 月，莱万多夫斯基刚刚在 2016 年欧洲杯预选赛上帮助波兰 4-0 战胜格鲁吉亚。比赛中，他用 4 分钟上演了帽子戏法。

1

第一次

贝尔特·帕特纳伍德

世界杯比赛中的第一次帽子戏法

美国 3-0 巴拉圭

1930 年世界杯

1

唯一

吉奥夫·赫斯特

世界杯决赛中的唯一一次帽子戏法

英格兰 4-2 联邦德国

1966 年世界杯

1

门将

何塞·路易斯·奇拉维特

唯一一名完成帽子戏法的职业门将

（3 粒点球）

萨斯菲尔德 6-1 费罗卡里尔

阿根廷职业联赛，1999 年

2

二合一

一届世界杯比赛，两次帽子戏法

桑多尔·柯奇什

匈牙利 9-0 韩国

匈牙利 8-3 联邦德国

1954 年世界杯

朱斯特·方丹

法国 7-3 巴拉圭

法国 6-3 联邦德国

1958 年世界杯

盖德·穆勒

联邦德国 5-2 保加利亚

联邦德国 3-1 秘鲁

1970 年世界杯

3

头球

世界杯上的头球帽子戏法

托马斯·斯库赫拉维

捷克斯洛伐克 4-1 哥斯达黎加

1990 年世界杯小组赛

米洛斯拉夫·克洛泽

德国 8-0 沙特阿拉伯

2002 年世界杯小组赛

2

一分二

一名球员在两届世界杯上完成帽子戏法

加布里埃尔·巴蒂斯图塔

阿根廷 4-0 希腊

6 月 21 日，1994 年世界杯

阿根廷 5-0 牙买加

6 月 21 日，1998 年世界杯

1

初次出场

唯一一名在国际比赛首秀中
完成帽子戏法的球员

吉列尔莫·斯塔比莱

阿根廷 6-3 墨西哥

1930 年世界杯小组赛

17 岁

零

244 天

贝利

代表巴西在半决赛上战胜法国时的年龄——贝利
在比赛中上演帽子戏法，成为在世界杯比赛上完
成帽子戏法的最年轻球员

巴西 5-2 法国

1958 年世界杯

职业俱乐部的员工都在干什么

曾几何时，一个男人加一只狗就可以领导一支球队。如今，顶级足球俱乐部都是大型企业，除了球员，他们还要雇佣上百名员工负责财政、餐饮、接待、市场、票务等很多工作。这里，我们以英超球队西汉姆联为例，看看他们的 200 多名雇员都在做什么工作。

14 名比赛日接待

15 名慈善基金会事务运营

17 名球场管理员

22 名广告/市场/公关团队成员

23 名零售/票务销售团队成员

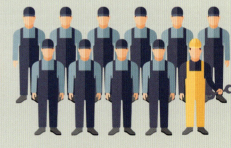

11 名场地人员

3 名保安

3 名总监

3 名董事

34 名青训营工作团队成员

37 名预备队/青训球员

38 名餐饮、接待团队成员

22 名一线队工作团队成员

25 名一线队球员

1 名主教练

= **271**

1 名球队秘书

2 名IT技师员

90分钟里的每一分钟都有过进球的球员

在足球比赛中，每分每秒都很关键。不过，只有两名球员，曾在一场比赛90分钟里的每一分钟都曾有进球入账。他们是天生的射手，对进球的渴望从未止息。2014年9月，瑞典对阵爱沙尼亚的比赛，兹拉坦·伊布拉希莫维奇在第24分钟时打进一球，完成了这一壮举，不料克里斯蒂亚诺·罗纳尔多却已经抢得了先机——C罗在同年2月皇马战胜马德里竞技的比赛第7分钟进球，拼成了以下这幅进球拼图。

上半场

下半场

球	进球数	时间
	2	46th
	3	47th
	3	48th
	6	49th
	5	50th
	6	51st
	3	52nd
	1	53rd
	5	54th
	4	55th
	3	56th
	4	57th
	8	58th
	4	59th
	6	60th
	3	61st
	4	62nd
	4	63rd
	2	64th
	5	65th
	2	66th
	3	67th
	10	68th
	6	69th
	8	70th
	4	71st
	3	72nd
	4	73rd
	6	74th
	6	75th
	5	76th
	6	77th
	1	78th
	6	79th
	5	80th
	4	81st
	8	82nd
	2	83rd
	6	84th
	3	85th
	3	86th
	7	87th
	6	88th
	7	89th
	22	90th

球员身上的文身都象征着什么？

文身技师在足球界也很吃得开，大多数球员都把自己的身体当成画布，用以纪念自己的母亲、孩子、妻子、女友，或是其他什么动力源泉。在皮肤上着墨绘制的符号种类也不胜枚举——但那些符号都是什么意思呢？

蒂姆·霍华德
埃弗顿 & 美国

美国门将霍华德几乎全身都是文身，他的文身图案包括龙、十字架、超人标志，还有他祖父着军装的形象，以及自己母亲年轻时的肖像。

达尼埃莱·德罗西
罗马 & 意大利

德罗西在小腿背后文了一幅"警告标识"，彰显了他硬朗的球风。在这幅"警告标识"中，倒着的小人正在放铲另一个站着的小人。

劳尔·梅勒莱斯
费内巴切 & 葡萄牙

葡萄牙中场梅勒莱斯的职业生涯在他的右腿上一览无余。他在腿上文了家乡波尔图的牧师塔、一辆葡萄牙缆车和一把民谣吉他，还文了伊斯坦布尔的蓝色清真寺和英国的红色电话亭。

蒂埃里·亨利

前阿森纳、巴萨、纽约红牛和法国国家队名将亨利也是个文身狂人。他在左臂上文满了文身，除了纪念女儿泰娅，还用帝国大厦和布鲁克林大桥的图案纪念了纽约城。

拉希姆·斯特林

曼城 & 英格兰

在斯特林的前臂上文着一个 10 岁男孩的形象。男孩凝视温布利大球场标志性的拱门，文身的底部还写着"这是我的梦想"。斯特林年幼时，就住在离温布利大球场很近的地方。

里奥内尔·梅西

巴萨 & 阿根廷

梅西将儿子蒂亚戈的名字和两只小手的图案文在了左小腿的后部。

大卫·贝克汉姆

英格兰

贝克汉姆身上的文身已经超过了 40 个，其中包括几个小天使的形象和用梵语书写的妻子维多利亚的名字。

塞尔吉奥·拉莫斯

皇马 & 西班牙

在拉莫斯的左小腿后部文着一座欧冠冠军奖杯，而在右小腿对应的位置，文着一座世界杯冠军奖杯。

尼格尔·德容

加拉塔萨雷 & 荷兰

德容的胸前和双臂上都文着花瓣形的复杂图案。

塞尔吉奥·阿奎罗

曼城 & 阿根廷

在阿奎罗的右前臂内侧文着自己的名字——还是用精灵语写的。

我不文身，谢谢！

克里斯蒂亚诺·罗纳尔多

皇马 & 葡萄牙

和其他所有献血者一样，C 罗全身上下一个文身也没有。为防止潜在的感染危险，医生建议 C 罗不要文身，也不要在身上穿孔。

世界杯参赛国球衣的主色调

足球还是一项色彩艳丽的运动，足球的色彩体现在不同国家球员的穿着上。球员的穿着还将进一步影响球迷的穿着。在接下来的几页里，我们将展出所有世界杯参赛国球队的主色调。

北美洲

加拿大

哥斯达黎加

美国

古巴

墨西哥

海地

萨尔瓦多

牙买加

洪都拉斯

特立尼达和多巴哥

欧洲

爱尔兰

葡萄牙

北爱尔兰

西班牙

苏格兰

法国

英格兰

荷兰

威尔士

比利时

德国　捷克　保加利亚　塞尔维亚

丹麦　斯洛伐克　罗马尼亚　乌克兰

挪威　瑞士　克罗地亚　俄罗斯

瑞典　奥地利　斯洛文尼亚　意大利

波兰　匈牙利　波黑　希腊

土耳其　　　　厄瓜多尔　　　　阿根廷　　　　塞内加尔

以色列　　　　秘鲁　　　　巴拉圭　　　　科特迪瓦

智利　　　　乌拉圭　　　　加纳

哥伦比亚　　　　多哥

玻利维亚　　　　尼日利亚

巴西　　　　安哥拉

喀麦隆

埃及

沙特阿拉伯

朝鲜

刚果（金）

科威特

韩国

南非

阿联酋

日本

摩洛哥

伊拉克

印度尼西亚

阿尔及利亚

伊朗

澳大利亚

突尼斯

中国

新西兰

致谢

有用信息

以下网站可以提供足球相关的信息

管理结构：

fifa.com; uefa.com; cafonline.com; conmebol.com;concacaf.com; the-afc.com

联赛：

premierleague.com; bundesliga.com; laliga.es; ligue1.com;cbf.com.br; mlssoccer.com;
jleague.jp; kleague.com;a-league.com.au

媒体：

bbc.co.uk/sport/0/football; espnfc.com; fourfourtwo.com;
francefootball.fr; skysports.com/football; talksport.
com;worldsoccer.com

在线数据统计：

11v11.com; 90min.com; bleacherreport.com/world-football;
caughtoffside.com; footballdatabase.eu; forbes.com/sports-leisure;
goal.com; guinnessworldrecords.com; livestrong.com/sscat/soccer;
planetworldcup.com; shortlist.com/entertainment/sport;soccerlens.com;
stadiumguide.com;statbunker.com;therichest.com/category/sports/soccer-sports;
totalsportek.com/category/football;tsmplug.com/category/football;
whoateallthepies.tv; whoscored.com

作者已尽可能查验相关数据的准确性。原书数据截至2014—2015赛季，译者将一部分显著数据更新到了2016年。但随着时间的推移，某些数据必然会发生变化，请关注相关数据来源。特此说明。

图片来源：

Tim Brown: 12, 13, 160, 161

Bill Donohoe: 12, 13, 60, 61, 64, 65, 70, 71, 80, 92, 93,
104,126, 127, 136, 137, 151

© Daniel Nyari: 1, 2, 16, 31, 37, 40, 54, 56, 59, 68, 69, 79,
84,85, 90, 103, 107, 109, 124, 129, 140, 145, 154, 163, 167,
173,174, 180, 185, 186

Paul Oakley: 11, 12, 36, 54, 55, 56, 57, 94, 128, 129

All other images adapted from artworks © Shutterstock.com

足球信息图：图解世界第一运动

[英] 约翰·安德鲁斯　文
丹尼尔·尼亚里　图
吴　劢　译

图书在版编目（CIP）数据

足球信息图：图解世界第一运动 /（英）约翰·安德鲁斯文；
（英）丹尼尔·尼亚里图；吴劢译．– 北京：北京联合出版公司，2017.4
ISBN 978-7-5502-9650-3

Ⅰ.①足… Ⅱ.①约… ②丹… ③吴… Ⅲ.①足球运动－概况－世界
Ⅳ.① G843.91

中国版本图书馆 CIP 数据核字（2017）第 016860 号

Beautiful Game: The Infographic Book of Football
by John Andrews with Player Portraits by Daniel Nyari

北京市版权局著作权合同登记 图字：01-2017-0206

出 品 人	唐学雷	
策　　划	联合天际	
责任编辑	崔保华　刘　凯	
特约编辑	边建强	
美术编辑	王颖会	
封面设计	王颖会	

UnRead
生活家

出　　版	北京联合出版公司
	北京市西城区德外大街 83 号楼 9 层 100088
发　　行	北京联合天畅发行公司
印　　刷	北京利丰雅高长城印刷有限公司
经　　销	新华书店
字　　数	200 千字
开　　本	787 毫米 × 1092 毫米 1/16 12 印张
版　　次	2017 年 4 月第 1 版　2017 年 4 月第 1 次印刷
I S B N	978-7-5502-9650-3
定　　价	108.00 元

关注未读好书

未读 CLUB
会员服务平台

本书若有质量问题，请与本公司图书销售中心联系调换
电话：(010) 5243 5752　(010) 6424 3832

未经许可，不得以任何方式
复制或抄袭本书部分或全部内容
版权所有，侵权必究

图书在版编目（CIP）数据

创新与风控：版权保护典型案例解读 / 上海市浦东
新区知识产权局编. —上海：东方出版中心, 2023.4
　　ISBN 978-7-5473-2157-7

　　Ⅰ. ①创… Ⅱ. ①上… Ⅲ. ①侵权行为 – 民法 – 案例
– 中国 Ⅳ. ①D923.05

中国国家版本馆CIP数据核字（2023）第032418号

创新与风控：版权保护典型案例解读

编　　　者	上海市浦东新区知识产权局
统　　　筹	刘佩英
责任编辑	黄　驰
封面设计	钟　颖

出 版 人	陈义望
出版发行	东方出版中心
地　　　址	上海市仙霞路345号
邮政编码	200336
电　　　话	021-62417400
印 刷 者	上海盛通时代印刷有限公司

开　　　本	710mm×1000mm　1/16
印　　　张	16.75
字　　　数	200千字
版　　　次	2023年9月第1版
印　　　次	2023年9月第1次印刷
定　　　价	68.00元